*Kurt Weidemann
Biografische Gespräche*

Markus Merz Hrsg.
Heike Schiller & Arne Braun

Wir danken

Willem G. van Agtmael, E. Breuninger GmbH & Co.
Prof. Joerg Menno Harms
Dr. Michael Klett
Markus Merz

für die freundliche und spontane Bereitschaft,
die Arbeit an diesem Buch großzügig zu unterstützen

Heike Schiller & Arne Braun

Editorial

Seit Anfang der 80er Jahre habe ich das Glück, Kurt Weidemann als Freund, Begleiter und Lehrenden an meiner Seite zu haben. Als junger Spund suchte ich bei ihm Rat, weil ich mir in den Kopf gesetzt hatte, die Merz Akademie neu zu gründen. Seit nunmehr 25 Jahren begleitet er unsere Arbeit voller Aufmerksamkeit, Liebe und, wo nötig, auch mit scharfer Kritik. Als Dozent, Berater und Botschafter der Merz Akademie hat er unschätzbar viel zur positiven Entwicklung der Hochschule beigetragen. Deshalb ist es mir eine ebenso große Freude wie Ehre, als Herausgeber dieser biografischen Gespräche fungieren zu dürfen.

Kurt Weidemann gehört sicherlich zu den wichtigsten deutschen Designern; dabei ahnen nur wenige, in welchem Ausmaß Kurt das Erscheinungsbild der Bundesrepublik mit gestaltet hat. Aber was ihn vielleicht noch mehr auszeichnet, ist seine Bedeutung für mehrere Generationen von Gestaltern, die er durch seine Haltung, seinen Humor, seine Menschlichkeit und seine Gradlinigkeit immer wieder tief beeindruckt hat.

Dank der intensiven und liebevollen Arbeit von Heike Schiller und Arne Braun gewinnen wir in diesem Buch – in teilweise schockierender Offenheit – einen tiefen Einblick in die Biografie Kurt Weidemanns und seine persönlichen Befindlichkeiten. Wir erleben einen Freigeist, der sich durch sein bewegtes Leben hindurch eine ungewöhnlich ehrliche und positive Grundhaltung und den Blick für das Wesentliche erhalten hat.

Und trotz aller Autorität und Würde bricht aus dem 85-Jährigen immer wieder der Schalk eines kleinen, verschmitzten Jungen, der mit seinen Abenteuern erst am Anfang steht. Auch in diesem Sinne freue ich mich auf viele weitere gemeinsame Jahre mit Kurt.

Markus Merz

Vorwort

Wer Kurt Weidemann kennt, weiß, er beherrscht nicht nur die Kunst der Schrift, sondern ebenso die der freien Rede. Die intensiven Gespräche, die wir von November 2005 bis Juni 2006 mit ihm geführt haben, zeichnen den Lebensweg einer Persönlichkeit mit all ihren Brüchen, Widersprüchen und Konsequenzen nach. Dem haben wir – außer einigen Anmerkungen – nichts hinzuzufügen. Stück für Stück erscheint seine Sicht auf das vergangene Jahrhundert – Jahrzehnt für Jahrzehnt. Sie ist exemplarisch für seine Generation und gleichzeitig auch wieder nicht. Wir dokumentieren die Gespräche als Gespräche und haben an der Form Frage-Antwort nichts verändert. Es erscheint uns adäquat, die Biografie von Kurt Weidemann als das zu belassen, was sie ist: Sein Leben in seinen Worten.

Nicht immer chronologisch, auch nicht immer logisch. Und längst nicht vollständig, das ist unmöglich. Aber als das, was er während fast 30 Stunden konzentrierten Erinnerns und Berichtens aus seinem Leben destilliert und reflektiert hat. Daher haben wir uns bei der Struktur des Buches weder für eine durchgängig chronologische noch eine thematische Kapitelgliederung entschieden, vielmehr bilden wir die geführten Gespräche eins zu eins ab.

Kurt sagt zu fast allen Menschen, mit denen er zu tun hat „Du". Das stellt also zunächst keine besondere Nähe dar, sondern die Form, mit der er seiner Umwelt begegnet. Obwohl wir ihn seit Jahren kennen, ist wirkliche Nähe erst im Verlauf der gemeinsamen Abende entstanden, und erst sie hat uns ermöglicht, auch Fragen zu stellen, die tiefer gehen konnten. Wir haben diese Form der gegenseitigen Ansprache beibehalten. Sie entspricht dem Umgang miteinander und ist authentisch. Das zeigen auch die Fotos, die während der Gespräche entstanden sind.

Inhalt

Auf ein Wort   8

Prof. Kurt Weidemann   13

Kindheit und Jugend in Lübeck
Von Landwirtschaft und großen Träumen   15

Der Zweite Weltkrieg
Ich wäre gern den Heldentod gestorben   33

Kriegsende, Kapitulation und Gefangenschaft
Ich lebe noch   53

Heimkehr, Ausbildung und Studium in Stuttgart
„Nazischwein und Judensau"   73

Stuttgart, Freunde und eine Hochzeit
Links von Ho Chi Minh   89

Kunden, Wettbewerbe und Bioleks Karrierestart
Auffällig sein ist leichter als gut sein   105

Berufserfolge und Berufungen
Es bleibt alles so, wie es niemals war   121

Vorstandsbüros, Entscheidungsträger und schwäbische Autobauer
Bedenken, was man sagt, und sagen, was man denkt   141

Schriftentwicklung, Arbeitsweisen und Gutenberg
Über die Kunst, von sich selber absehen zu können   157

Können, Kunst und Kinder
Der Künstler macht, was er will. Der Designer will, was er macht.   173

Auf ein Wort

„Er betreibt neben vielen anderen Beratertätigkeiten ein Fitnessstudio für Logos, Wahrzeichen, allgemein bekannte Schriftzüge, Verpackungen, Eintrittskarten, Schlagzeilen und andere Maßnahmen zur Imagepflege." So beschreibt der Schriftsteller Peter O. Chotjewitz[1] Kurt Weidemann. Edzard Reuter[2], der ehemalige Vorstandsvorsitzende der Daimler-Benz AG sagt: „Er ist Designer genauso wie Typograf, Lehrer genau wie Kommunikator, unbestechlicher Mahner genau wie streng objektiver Berater in allen Fragen, die mit dem äußeren Erscheinungsbild von Produkten oder Institutionen zusammenhängen." Er sei, so Reuter weiter, „für ganze Generationen von nachfolgenden Kolleginnen und Kollegen zum unbestrittenen Guru ihrer Profession, zu ihrem bewunderten Papst geworden." Und Chotjewitz weiß noch mehr: „Er lebt seit mehr als 50 Jahren in Stuttgart und ist stadtbekannte Figur. Muss ständig Reden halten, Eröffnungen, Laudationes. Kennt Hinz und Kunz. Tanzt auf allen Hochzeiten. Verkehr in den höchsten politischen und ökonomischen Kreisen, aber auch in der Bohème und in der Subkultur. Hat angeblich keine Berührungsängste vor Linken."

Wir kannten Kurt Weidemann seit Jahren, haben ihn bei vielen Gelegenheiten in der Stadt erlebt, hatten die eine oder andere Rede gehört, seine Kriegstagebücher gelesen und folgten fasziniert seinen sporadisch und anekdotisch vorgetragenen Lebens-Geschichten – die er meist spät am Abend an irgendeinem Tresen in der Stadt erzählte.

Und eines Tages fanden wir, das muss in einen Zusammenhang gestellt werden. Kurt Weidemann ist heute 85 Jahre alt. Er könnte unser Vater sein und gehört jener Generation an, die zu befragen wichtig und notwendig ist, wollen wir verstehen und nicht urteilen. Wir wussten, Kurt Weidemann macht keinen Hehl daraus, freiwillig und gerne in den Zweiten Weltkrieg gezogen zu sein. Wir wussten, er ist einer der Topgestalter dieser Republik und seine Arbeiten waren und sind prägend.

1 Zitate in Peter O. Chotjewitz: Mein Freund Klaus, 2007
2 Zitate in Edzard Reuter: Der schmale Grat des Lebens, 2007

Auf ein Wort

Wir wollten ihn kennen lernen, er ließ sich darauf ein und wich keiner Frage aus. Wir haben protokolliert, niemals kommentiert. Es ist seine Sicht auf sein Leben. Er muss aus seinem Lebensfilm keinen Meter herausschneiden, sagt er, es war alles richtig für ihn.

Es zeigte sich schnell: Wir haben keine Biografie zu schreiben, wir sind nicht die Verbesserer, die Korrigierer und die Rechercheure, die seinen Lebensbericht auf Richtigkeit zu überprüfen und gegebenenfalls zurecht zu rücken haben. Es ist vielmehr die Subjektivität der Erinnerung eines Einzelnen, eines „primus inter pares", dessen Sicht der Dinge Leser und Leserin selber einordnen müssen. Wir sind lediglich die Protokollanten eines Lebens auf der Überholspur, das wir nicht zu (be-)werten haben, sondern lediglich seinen besonderen Wert festzuhalten haben, weil es in dieser Intensität vermutlich einmalig ist.

Kurt Weidemann wuchs nicht besonders behütet und in Armut im Lübeck der zwanziger Jahre des vergangenen Jahrhunderts auf. Er beschreibt einen Alltag zwischen Fettschwaden und Stromautomaten, Heringseimern und Kommunistengesängen auf der Straße.

1940 meldet er sich freiwillig zum Fronteinsatz und bekommt so bequem das Notabitur. Diese Entscheidung macht ihn stolz und wird sein Leben unmittelbar beherrschen, Tag und Nacht – und das fast zehn Jahre lang, ja im Grunde bis heute. Krieg und Gefangenschaft in Russland bestimmten seine Existenz bis 1950. Es sind die Jahre, die ihm später fehlen, und die er auf- oder einholen wollte. Sie machen ihn aber auch stark. Eine Stärke, die ihm noch heute zu gute kommt, denn Schonung kennt er nicht – in keinerlei Hinsicht.

Viele Geschichten aus Krieg und Gefangenschaft sind uns bekannt, aber nur wenige können sie so authentisch und wahrhaftig erzählen wie Kurt Weidemann. Manchmal muss man innehalten und zwischen den Zeilen lesen, um die Grausamkeit wirken zu lassen, aber auch, um verstehen zu lernen, weshalb so viele nie

Auf ein Wort

darüber sprechen konnten. Wenn es nicht so banal klingen würde, müsste man seine Berichte über Nationalsozialismus, Krieg und Gefangenschaft einen Blick hinter die Kulissen nennen. Kurt Weidemann hat alles akribisch – obwohl es verboten war – in seinen Kriegstagebüchern festgehalten. Er hat sie Jahrzehnte unter Verschluss gehalten, konnte selbst nicht darin lesen, bis er bereit zur Aufarbeitung war und sie vor einigen Jahren in seinem Buch „Kaum ich"[3] für sich verarbeiten konnte.

Er entmystifiziert den Irrsinn der Zeit, weil er ihn nachvollziehbar macht. Wirklich erklären kann das sowieso bis heute niemand. Über Verstrickung in Schuld muss so oder so am Ende jeder für sich selbst entscheiden. Aber ausblenden oder verdrängen ist nicht seins. Die bis heute andauernde Auseinandersetzung belegt sein Bestreben, das Unfassbare für sich erklärbar zu machen. Einfach hat er es sich damit nicht gemacht, im Gegenteil.

Er hätte im Lübeck der 50er Jahre eine Konditorentochter heiraten und als gut bezahlter Schriftsetzer ein bürgerliches, unauffälliges und vielleicht bequemes Leben führen können. Die Tatsache, dass er nach seiner Lehre vom kleinen Bruder nach Stuttgart geholt wurde, kann man getrost als Glücksfall der Geschichte beschreiben. Aus heutiger Sicht würde man Kurt Weidemann eine Szenenase nennen, der sogar politisches Bewusstsein besitzt. Seine kommunikative Ader und seine Überzeugungskraft paaren sich mit Neugierde und Angstfreiheit. Seine überschäumende handwerklich perfekte Kreativität und sein sensibles Umgehen mit Inhalten ist eine beständige Kopulation mit fruchtbarem Ausgang für Zuhörer, Leser, Experten, Kunden und Studenten.

Kurt Weidemann schuf Einzigartiges, kreierte öffentliche Bilder, die Eingang gefunden haben ins kollektive Gedächtnis. Er entwickelte Schriften, deren qualitätvolle Unauffälligkeit zeitlos ist und überdauern wird. Davon können die meisten seiner Kollegen nur träumen. Selbst wenn es zum

3 Kurt Weidemann:
   Kaum Ich, 2002

Auf ein Wort

Showdown kommt, zur Niederlage, es wird nur ein Symbol zerstört, in diesem Fall ein von ihm geschaffenes: Die Zerstörung des von Weidemann entworfenen Symbols für die Berliner Bank am Berliner Friedrichsplatz ist ein schöner Beleg für die These, Symbole zerstören, heißt Realitäten schaffen.

An der Stuttgarter Akademie der Bildenden Künste lehrte er, ja mehr noch: er wirkte. In den späten 60er Jahren wollte er sich nicht mit den konservativen Lehrmethoden der Hochschulführung abfinden. Er mischte sich ein, ergriff Partei, verhalf Studenten zu ihrem Recht. Das daraufhin gegen Weidemann angestrengte Disziplinarverfahren endete im Eklat – Akademieleitung und Beamtenapparat blamierten sich bis auf die Knochen.

Die Freundschaften zu wichtigen Wirtschaftskapitänen im Nachkriegsdeutschland und sein Ruf politisch links von „Ho Chi Minh" zu stehen, was ihn übrigens mit einem gewissen Stolz erfüllt, beweisen, Weidemann wird wegen seiner Kanten – und nicht trotz dieser – respektiert. Und nicht nur das: Er wird gemocht, egal ob von Alfred Herrhausen oder Markus Merz, von Edzard Reuter oder seinen Studenten, Heinz Dürr oder Alfred Biolek, Werner Klemke oder den Autoren dieses Buches.

Das unterscheidet ihn von den „Wichtigs" und von den Elder Statesmen, die sich gerne in der Öffentlichkeit produzieren. Es spricht für Kurt Weidemann, dass er wie jeder andere auch ein echtes Arschloch nicht nur sein kann, sondern manchmal auch ist.

Wir verneigen uns und sagen Danke für Offenheit, Intensität und Nähe, das eine oder andere Glas Bier und eine Menge Erfahrungen, die unser Geheimnis bleiben.

Arne Braun & Heike Schiller
Im Dezember 2007

Kurt Weidemanns Hände gezeichnet von Jan Peter Tripp

Prof. Kurt Weidemann

- Geboren am 15. Dezember 1922 in Masuren / Ostpreußen
- Aufgewachsen in Lübeck ab 1926
- Krieg und Gefangenschaft bis 1950
- Lehre als Schriftsetzer in Lübeck bis 1953
- Seit 1953 Bürger der Stadt Stuttgart
- Studium an der Staatlichen Akademie der Bildenden Künste Stuttgart bis 1956
- Professor daselbst von 1964 bis 1984
- Meistgefragter Juror in seiner Disziplin und darüber hinaus:

Präsident
Autor
Redner
Lehrer
Integrator
Schriftsetzer
Schriftgelernter
Schriftenentwerfer
Berater
Dienstleister
Trinker
Vorsitzender
Ehrenvorsitzender
Vater von drei Kindern
Preisträger
Bundesverdienstkreuzträger
Ehrensenator
Ehrenmitglied
Kunstsammler

Freund – vor allem das.

Der ungeliebte Matrosenanzug zum Sonntagsspaziergang

Von Landwirtschaft und großen Träumen

Ehrbare Bauern und Dorfvogte zählen zu den holsteinischen Vorfahren Kurt Weidemanns, dessen Großvater mit dem Verkauf des eigenen Hofes den Gewinn in der Inflation verliert. Weidemanns Vater wird Landwirtschaftinspektor auf einem masurischen Rittergut.
Dort werden Kurt und seine Brüder geboren. Ende der 20er Jahre zieht die Familie nach Lübeck und lebt in ärmlichen Verhältnissen. Trotzdem wird auf die Ausbildung der Söhne großer Wert gelegt. Alle besuchen das Gymnasium. Die Mutter stirbt 1934 an Krebs. Der mittelmäßige Schüler Kurt Weidemann tritt in das Jungvolk der Hitlerjugend ein, wird Fähnleinführer und meldet sich 1940 – 17 Jahre alt – kriegsfreiwillig.

Lass uns ganz von vorne anfangen. Wer bist du?
Ich bin eigentlich nichts weiter als ein Bauer. Ein Onkel väterlicherseits hat intensiv Ahnenforschung betrieben, weil das bei den Nazis wichtig war. Es musste ja der Ariernachweis erbracht werden. Bekanntlich sollten dafür weder Juden noch Halbjuden in der Ahnenreihe auftauchen. Wir konnten unsere Sippe bis ins Jahr 1603 zurückverfolgen. Das ist nicht leicht, weil am Ende des Dreißigjährigen Krieges viele Kirchenbücher verbrannt waren und kaum jemand mehr die Zeit vor 1648 rekonstruieren kann.

Bis zu meinem Vater gab es nur Bauern – Bauern, Bauern, Bauern. Und ich hatte fest vor, auch einer zu werden. Nach meiner zweiten Verwundung im Krieg habe ich in der Lazarettzeit Landwirtschaft studiert. Ich wollte damals Landwirt werden und ganz ernsthaft einen Wehrhof gegen die „asiatischen Horden" errichten, die uns bedrängten...

Einige meiner Vorfahren väterlicherseits waren Dorfvogte, also Bürgermeister. Das weiß ich, weil wir ein bürgerliches Wappen haben. Es trägt einen wagrischen Ochsen – aus dem südholsteinischen Wagrien – und ein Damwildgeweih.

Ihr seid also „ordentliche" Deutsche?
Kann man so sagen. Die Ahnenforschung beruhigte uns, denn die Sippschaft war ganz in Ordnung – bezogen auf die germanische Herkunft. Die mütterliche Seite kann ich allerdings nur bis zum Großvater zurückverfolgen, bis zum Rogalla[1], so hieß „der mit dem Pferd".

Der Vater meiner Mutter war Rollfuhrbesitzer. Heute würde man Spediteur dazu sagen. Er besaß natürlich noch keine Lastwagen, sondern mehrere dutzend Pferdefuhrwerke. Von ihm wird erzählt, dass er jeden Abend in die Kneipe geritten ist, dort auf dem Pferd sitzen blieb und an der Theke einige Gläser Bärenfang kippte, den Hausschnaps. Dann gab er seinem Pferd die Sporen, das kannte den Weg nach Hause. Zwei Koppelricks, also Ackertore, musste es nehmen. Die Strecke hat er tausende Male absolviert. Eines nachts aber flog er vom Pferd und brach sich das Genick. Das war's. So ist mein Großvater Rogalla im nordöstlichen Ostpreußen abgetreten. Er muss auch ein ziemlicher Tausendsassa gewesen sein. Und er war Analphabet. Man muss sich das vorstellen: Spediteur Rogalla war Analphabet!

Vor Jahren gab es übrigens einen zweiteiligen Fernsehfilm[2] über einen Rittergutsbesitzer in Masuren. Mario Adorf spielte ihn. Er trägt in dem Film den Namen meines Großvaters: Rogalla – Alfons Rogalla.

Mein Vater Heinrich war der älteste Sohn eines Hagestolzen[3], eines holsteinischen Bauern in Bujendorf bei Eutin. Mein Großvater wollte lieber Pächter auf einem Rittergut als Bauer auf einem eigenen Hof sein. Und das, obwohl er einen großen, schönen Hof besaß. Nach dem Ersten Weltkrieg hat er den Hof für 20.000 Goldmark verkauft. Das war damals viel Geld. Dann kam die Inflation und sein Geld war futsch. Sein Traum vom Rittergut, auf dem er vom Pferd herunter Anordnungen trifft, hat sich nicht erfüllt. Nachdem das Geld weg war, lebte er in armen Verhältnissen im Fischerdorf Haffkrug an der Ostsee.

Daraufhin ging dein Vater nach Masuren?
So war es. Mein Vater hatte fünf Schwestern und einen Bruder, der im Ersten Weltkrieg gefallen war. Um das Bauernhandwerk zu lernen, ging er als

---

1 Rogalla – Rogalla von Bieberstein ist der Name eines alten ostpreußischen Adelsgeschlechts
2 „Heimatmuseum", nach dem gleichnamigen Roman von Siegfried Lenz, wurde 1988 für das Fernsehen produziert. Mario Adorf spielt Weidemanns Großvater Alfons Rogalla
3 Hagestolz – gilt als Synonym für einen überzeugten Junggesellen oder für einen Kerl mit ausgeprägtem Selbstbewusstsein

Kindheit und Jugend in Lübeck

Mutter Marie (1899-1934)   Vater Heinrich (1890-1974)

Bis zu meinem Vater gab es nur Bauern – Bauern, Bauern, Bauern. Und ich hatte fest vor, auch einer zu werden. Ich wollte damals Landwirt werden und ganz ernsthaft einen Wehrhof gegen die „asiatischen Horden" errichten, die uns bedrängten...

Inspektor auf ein Rittergut in Ostpreußen und war bei einem Herrn von Rädecker als Gutsverwalter tätig. Dort hat er meine Mutter Marie Meyke kennen gelernt. Sie sei eine „sehr schöne Frau" gewesen, sagte er später. In Masuren sind auch meine beiden Brüder und ich zur Welt gekommen. Heinz und ich sind in Eichmedien[4] geboren, Horst in Adelig Schäferei.

Meine Kinder haben mir 2002 zum 80. Geburtstag eine Reise an meinen Geburtsort geschenkt. Das war nach 75 Jahren sehr aufregend. Wir sind bis Warschau geflogen, haben dort einen Jeep gemietet. Meine beiden Söhne sind abwechselnd gefahren und haben die Landkarte gelesen. Meine Tochter und ich saßen hinten und tranken Wodka. Es ist wirklich ein trauriges Nest – dieses Eichmedien. Vom Rittergut stehen noch Ruinen und ein verfallenes Herrenhaus. Kürzlich hat es ein Krakauer Ingenieur gekauft und will es wieder aufbauen.

Konntest du dich bei der Wiederbegegnung mit den Orten deiner frühen Kindheit an Einzelheiten erinnern?

Nur wenig, ich weiß noch, dass ich als Kind mal bei Warschau auf der Weichsel einen Dampfer

[4] Eichmedien – lag bis 1945 im ostpreußischen Landkreis Sensburg und heißt heute Nakomedia

gesehen hatte, das war für mich ein Riesenerlebnis. Und an den Schimmelreiter kann ich mich noch erinnern, der kam um die Weihnachtszeit. Hatten wir die Frage: „Darf der Schimmelreiter kommen?" beantwortet, ist er zur Hälfte in den Hauseingang reingeritten. Wir mussten ein Gedicht aufsagen, wie beim Nikolaus. Ich hatte eine Riesenangst. Wir sagten was auf, dann gab es Nüsse, Äpfel und Pfefferkuchen. Eine Heidenangst hatte ich auch vor einem Gänserich, der immer hinter mir her war, sobald er mich sah. Ich bin um mein Leben gerannt...

Warum seid ihr nicht dort geblieben?
Als die Rittergüter nacheinander Pleite gingen, sind wir nach Holstein zurückgekehrt. Die ostpreußischen Güter hat die Berliner Landwirtschaftsbank aufgekauft und meinem Vater wurde gekündigt. Zunächst sind wir nach Hamberge bei Lübeck und dann auf den Langen Lohberg, in Lübecks Kommunistenviertel. Die Schalmaienkapellen zogen durch die Straßen. Während der Weimarer Republik war unser Stadtteil total kommunistisch. Die vielen Umzüge und das „Rotfront verrecke" und „Nazi verrecke!" Gebrüll erschreckten und faszinierten gleichzeitig.

Meine beiden Brüder und ich verstanden gar nicht, wie uns Vater Heinrich auf die Oberschule schicken konnte, das war ja teuer. Er hat damals als Arbeitsloser 33 Mark monatlich bekommen, trotzdem waren wir alle drei auf dem angesehenen Johanneum.

Lübeck war eine Arbeiter- und Hafenstadt...
Ja, und gleichzeitig eine großbürgerlich geprägte Kaufmannsstadt. Die Innenstadt ist in weiten Teilen unterkellert, weshalb die Franzosen ihren Rotwein dort zum Lagern hinschickten. Die Lübecker Rotweinhändler haben die Rittergüter in Mecklenburg, Pommern bis nach Ostpreußen mit Wein versorgt. Weinhändler waren reich.
Meine beiden Brüder und ich verstanden gar nicht, wie uns Vater Heinrich auf die Oberschule schicken konnte, das war ja teuer. Er hat damals als Arbeitsloser 33 Mark monatlich bekommen, trotzdem waren wir alle drei auf dem angesehenen Johanneum. Ich habe dort noch Herbert Frahm[5] erlebt, das ist der Geburtsname von Willy Brandt. Nur das Katharineum hatte in Lübeck einen noch besseren

5 Herbert Ernst Karl Frahm legte sich 1933 als Emigrant in Norwegen den Decknamen Willy Brandt zu; diesen Namen behielt er bei seiner Rückkehr nach Deutschland

Ruf. Dort haben Thomas Mann und die Söhne der Anwälte und Chefärzte Abitur gemacht. Das Johanneum war mehr sportlich ausgerichtet. Ich war jahrelang der beste 3000-Meter-Läufer der Schule. Wir hatten auch Boxunterricht. Zum Abitur gehörte drei mal drei Minuten Boxen, eine hoch anstrengende Sache.

Samstag war Badetag – in der Zinkbadewanne: Das Wasser wurde auf dem Herd erhitzt, und alle drei Buben wurden hintereinander geschrubbt.

Vom Land in die Stadt – wie habt ihr gelebt?
Wir haben ärmlich gewohnt – Langer Lohberg im zweiten Stock, ziemlich eng. Wir sind auch selten richtig satt geworden, außer bei zwei Gerichten: Kartoffelpuffer und Grüne Heringe. Die Kartoffeln mussten wir auf dem Halbrundsieb reiben, auf dem haben wir uns die Finger wund geschabt. Kamen Fischerboote aus der Ostsee über Travemünde nach Lübeck, wurden Fische an den Travebrücken verkauft. Ich rannte mit einem Eimer los, in den 80 bis 90 Heringe passten. Die kosteten eine Mark und wurden gebraten. Dann wurden wir auch mal satt. Das Bratenfett hatte die Küche in blauen Nebel gehüllt, weil sie nur ein kleines Klappfenster zum Dach hin hatte. Die Wohnung war winzig: zwei Schlafzimmer, ein Wohnzimmer.

Ansonsten gab's meistens Kartoffeln und Steckrüben oder gegarte Möhren, denn wir besaßen immerhin einen kleinen Schrebergarten in Israelsdorf vor Lübeck. Dort zogen wir Erbsen, Bohnen, Kartoffeln, Radieschen und Möhren. Fleisch gab es natürlich nicht. Butterbrot mit Margarine oder Schmalz und Salz. Schulfrühstück: Brot „belegt mit Daumen und Zeigefinger", wie man zu trocken Brot sagte.

Der Tagesrhythmus wurde durch das Licht bestimmt. Licht und Gas wurden über einen Automaten in der Küche eingekauft. Eine halbe Stunde Licht kostete 20 Pfennige. In dieser Zeit mussten wir uns schnell waschen, Zähne putzen und ins Bett gehen. Im Winter hat unsere Mutter mit uns gesungen. Das war die so genannte Schlummerstunde.

Dabei sang sie traurige halb polnische Lieder, während wir rechts und links in ihren Armen lagen. Das ist mir bis heute unvergesslich, das Singen in der Dämmerung.

Samstag war Badetag – in der Zinkbadewanne: Das Wasser wurde auf dem Herd erhitzt, und alle drei Buben wurden hintereinander geschrubbt.

Euer Familienleben hört sich trotz allem sehr harmonisch an?
Ja, das war es auch. Weihnachten haben wir fünf Pfennige für den Weihnachtsmarkt bekommen. Dafür gab es Zuckerwatte. Es gab an Heiligabend einen bunten Teller mit Äpfeln, Nüssen und Mandelkernen. Das war immer ein schönes Erlebnis – arm, herzlich, friedlich. In Heimarbeit haben wir die Zeitschrift einer Christengemeinschaft gefalzt. Dann habe ich mal einen Koffer gefunden, der von einem Lieferwagen gefallen war. Den haben wir zurückgebracht und dafür eine Mark Finderlohn bekommen. Ich habe mir dafür einen Kasten mit Farbstiften gekauft. Das war für mich das Größte, weil ich damals schon gern zeichnete. Mit zehn Jahren habe ich bei einem Staedtler-Wettbewerb mitgemacht und immerhin einen Farbstiftkasten gewonnen. Ich war sehr stolz. Vor allem auch, weil die Zeichnungen in der Schule im Zeichensaal aufgehängt wurden.

Ich habe auch alles gelesen, was ich kriegen konnte. Die Fünf-Pfennig-Hefte von Rolf Torring[6] interessierten mich nicht, Ernst Wichert[7] habe ich gelesen und Rudolf G. Binding[8]. Und dann kamen schon Nietzsche und Schopenhauer, die habe ich allerdings immer nur bis zur Hälfte gelesen. Ich verstehe auch heute noch keine Krimis, da schaffe ich nicht mehr als drei Seiten. Zuhause gab es allerdings außer Hitlers „Mein Kampf" nur noch ein zwölfbändiges Landlexikon – das war's. Ich habe meinen Vater nie lesend erlebt.

Dann habe ich Zigarettenbilder gesammelt, Sammelbilder mit deutschen Kriegsschiffen. In der Schule bin ich beim Tauschen mit einem Nachbarn vom Lehrer erwischt worden. Zur Strafe hat er dann die Karten in den Ofen geschmissen – diese rote Flamme glüht noch heute in der Erinnerung... Kein Wunder, dass in meinem ersten Grundschulzeugnis stand: „Bei mehr Aufmerksamkeit könnte er mehr leisten." Mich haben zwar immer viele Sachen interessiert, aber ich hab nie aufgepasst, lieber Faxen gemacht und viel gezeichnet. Ich war ein schlechter Schüler, wahrscheinlich hätte ich

---

6 Rolf Torring ist der Held der Romanheft-Reihe „Rolf Torring's Abenteuer", die zu den ersten Buchreihen in Deutschland gehörte und von 1930 bis 1939 in 445 Fortsetzungen erschien

7 Ernst Wichert (1831-1902), bekannter Jurist und Schriftsteller im Wilhelminischen Reich

8 Rudolf G. Binding (1867-1938), Schriftsteller, wurde von den Nationalsozialisten als Propagandainstrument eingesetzt

Kindheit und Jugend in Lübeck

Kinderzeichnung von Kurt Weidemann 1937

das Abitur gar nicht geschafft. Aber mit der Kriegsfreiwilligen-Meldung haben wir als 17-jährige bereits „Reife bewiesen" und alle unser Abitur bekommen – ohne jede Prüfung. Zum Glück, in Mathe und Latein hatte ich immer eine glatte Fünf.

Mit elf Jahren hatte ich eine Blindarmentzündung. Vor lauter Bauchschmerzen war ich ins fromme Marienkrankenhaus gegangen, ohne dass meine Familie wusste, wo ich war. Im Krankenhaus haben die mich sofort da behalten. Mein Vater hatte es erfahren, weil mein Bruder davon erzählt hatte.

Er ließ sich am dritten Tag blicken. Im Krankenhaus gab es Grießbrei – das wurde schnell mein Leibgericht. Die Anderen in meinem Zimmer brachten mich nach der Operation immer zum Lachen, was wegen der frischen Narbe schmerzhaft war. Dagegen konnte ich mich nicht wehren. Ob ich wollte oder nicht, ich musste lachen.

Deine Mutter ist schon früh gestorben?
Sie bekam Krebs, als Krankheit war das für uns noch unbekannt. Als sie schon sehr krank war, spielten wir einmal „Schnippschnapp", ein Kartenspiel: Bei eins, zwei, drei Schnipp wurden gleichzeitig

Karten aufgedeckt. Wer bei Karten gleicher Serie zuerst „Schnapp" brüllte, bekam sie. Doch wir mussten bald aufhören, weil Mutter das vor Schmerzen nicht ertragen konnte. Während sie krank im Bett lag, war mein Vater unterwegs. Unsere Nachbarin Frau Jahnke hat am Anfang für uns gekocht.

Später habe ich von der NS-Volkswohlfahrt Essensplätze bekommen, vier Mittagstische in der Woche in Familien, bei denen ich essen durfte: beim Pastor von der Jakobikirche, dann bei einer Familie Schnöring: Die Eltern unterhielten sich immer auf Französisch, weil die Kinder nichts verstehen sollten. Sie hatten zwei Kinder und ich war der Arme. Schließlich ging es noch in eine Gastwirtschaft, das war für mich das Beste, weil ich da nicht ausgefragt wurde. Zum Pastor bin ich ungern gegangen, der wollte genau wissen, wie es in der Schule ging.

Meine Brüder waren während der langen Krankheit meiner Mutter woanders untergebracht: Heinz wurde zu unserem Onkel nach Giekau bei Lütjenburg geschickt. Er ist dort aufgewachsen, ich habe ihn fast nicht mehr gesehen. Und Horst war in Törpt bei Schönberg in Mecklenburg bei einer Bauernfamilie. Ich war im Endstadium der Krankheit der Einzige, der noch zu Hause lebte.

Warst du bei ihr, als sie starb?
Nein. Als sie am 27. Juli 1934 starb, war ich nicht in Lübeck, sondern in Stuttgart-Rohr. Die NS-Kinderlandverschickung[9] hatte mich dahin geschickt. Ich bin mit dem Zug dorthin gefahren. Als ich zum ersten Mal Berge sah, bin ich fast durchgedreht. Auf dem Bahnhof in Stuttgart wurden wir eingeteilt. Ich kam zu einer Familie Rath. Ich hatte ver-

9 Kinderlandverschickung – vor dem Zweiten Weltkrieg wurden Kinder ausschließlich zur Erholung verschickt; ab Oktober 1940 wurden Schulkinder und Mütter mit Kleinkindern aus den vom Luftkrieg bedrohten Städten in weniger bedrohte Gebiete gebracht

standen, dass ich zu einem Bootsmeister komme, dabei war es ein Postmeister..., schwäbisch ausgesprochen „Poschdmeischdr". Ich war sehr enttäuscht, keine Seen. Aber alle waren sehr nett zu mir. Am Schlimmsten war für mich das Schwäbisch. Die Gastfamilie musste mir auch sagen, dass meine Mutter gestorben ist. Frau Rath hatte vorsichtig etwas angedeutet, aber ich wusste es gleich. Ich habe die ganze Nacht nicht geschlafen, sondern in „Hilf mit" rumgeblättert, das war eine NS-Jugendzeitschrift. Ich wusste sofort, dass meine Mutter tot war, aber ich wollte das nicht zulassen. Ich habe in den Zeitschriften hin- und hergeblättert wie im Wartezimmer beim Zahnarzt – die ganze Nacht. Zur Beerdigung konnte ich nicht nach Lübeck fahren. Den ganzen Sommer über musste ich in Rohr bleiben. Wir gingen viel spazieren, womit aber wandern gemeint war – in den Schwarzwald bis zur Hornisgrinde – alles zu Fuß! Herr und Frau Rath hatten keine eigenen Kinder, deshalb war ich immer mit ihren Nichten und Neffen zusammen. Nach dem Tod meiner Mutter haben sie sehr viel mit mir unternommen.

Mein Vater war korrekt und fürsorglich. Aber meine Mutter – das war Liebe! Mit unserem Vater haben wir nie Streit gehabt, wie denn auch, er war ja so selten da. Wir durften Heinrich zu ihm sagen, da waren wir noch Kinder. Das war ungewöhnlich für die Zeit.

Nach dem Tod deiner Mutter musste das Leben weiter gehen. Wie war das für dich?
Sehr traurig, die Nachbarin, Frau Jahnke, war jetzt ganz als Haushälterin da. Die Familie meines Klassenkameraden Helmut Wiedermann hat mich bei sich aufgenommen. Sein Vater war Chef der Hansabrauerei. Mit Helmut bin ich später auch in den Krieg gezo-

gen. Wir waren in der gleichen Kompanie. Bei meiner ersten Verwundung hat er mich zum Verbandsplatz gebracht. Helmut wurde Landarzt bei Lüneburg. Er starb früh an seinen Kriegsverwundungen.

Mein Vater heiratete schließlich eine Lehrerin – Frau Doktor Elsbeth Bürger. Die hatte zwei Kinder. Ich konnte mit beiden gar nichts anfangen. Sie machte zwar Schularbeiten mit mir, aber auf die strenge Tour. Ihre Kinder waren die Kinder, ich war irgendwer. Aber ich habe meinem Vater nie erzählt, dass es mir schlecht ging. Heinz und Horst waren für kurze Zeit auch da, sind aber schnell wieder zu ihren Pflegeeltern geflohen. Heinrich arbeitete in dieser Zeit in Ahrensbök, in einer Niederlassung des Arbeitsamtes Lübeck. Er hat das kalte Elend zuhause nicht richtig mitbekommen.

Ich habe mich bald in die Hitlerjugend gestürzt und dort Karriere gemacht. Das war besser als Schule.

„Frau Doktors Kinder" hatten es besser. Am Sonntag mussten wir spazieren gehen und für ihre Kinder gab es im Brauereigasthof Kaffee und Kuchen. Ich wurde zu den Anglern am Kanal geschickt, um zu gucken, was die so rausholen. Das Ganze dauerte zwei Jahre von 1936 bis 1938. Eines Tages war Frau Doktor plötzlich verschwunden, angeblich nach Schlesien, mit Kind und Kegel. Vor Freude habe ich einen Indianertanz aufgeführt. Wir drei Brüder waren überglücklich, als sie weg war.

Mein Vater hat nie darüber gesprochen. Nichts! Weder als sie kam, noch als sie ging. Er wollte ja nur, dass wir Ruhe und Ordnung hatten. Ihm zuliebe haben wir auch nie was gesagt. Es war eine Episode, kein großes Erlebnis.

Deine schulischen Leistungen sind natürlich auch nicht besser geworden?
Nein! Der Einzigen, der ich mein Zeugnis zeigen konnte, war die Oma, die war schon sehr „tüddelig". Ihr konnte ich mein Zeugnis sogar dreimal am Tag verkaufen: „Oma – ich habe eine eins in Zeichnen und eine zwei in Erdkunde!" Drei Stunden später hab ich wieder eine Mark bekommen.

Ich habe mich bald in die Hitlerjugend gestürzt und dort Karriere gemacht. Das war besser als Schule. Ich war der Fähnleinführer von Lübeck-Ost. Die Hitlerjugend gliederte sich in Jungvolk und Hitlerjugend. Im Jungvolk war man zwischen 10 und 14 Jahren, in der Hitlerjugend bis zum 18. Lebensjahr – und danach: ab in die NSDAP. Die konnte ich mir ersparen, denn mit 17 war ich schon Soldat.

Wir sind viel aufmarschiert, haben Geländeübungen gemacht, Wochenendfahrten zu irgendwelchen Bauern, Nachtübungen mit verkleideten Gespenstern zum Bangemachen, und der Führer war der Führer da irgendwo in Berlin. Der hat uns kaum interessiert. Es ging sportlich zu, zum Beispiel Hindernisrennen oder Holz sammeln, mit Feuersteinen anzünden und Wasser zum Kochen bringen. Das musste jeder innerhalb von zwei Stunden für das Leistungsabzeichen erbringen.

Die Napola[10] aus Plön, das war die absolut beste Oberschule. Dort wäre ich nicht genommen worden, ich war zu mickrig. Aber ich wäre gern dort hin, weil auch Segeln, Tanzen, Fechten und Boxen unterrichtet wurde. Außerdem gab es hervorragenden Unterricht in Sprachen, Deutsch und Geschichte. Wir haben uns gewundert, wie die Klassenarbeiten schreiben. Der Lehrer schrieb die Aufgaben an die Tafel und verließ dann für die Stunde den Raum. Wir hätten gemogelt, was das Zeug hält, Napola-Schüler hatten aber ein Selbstverständnis, das so etwas nicht zuließ.

Wurden dir bei der Hitlerjugend die Grundlagen in Verlässlichkeit und Disziplin vermittelt?
Die Erziehung zur Kameradschaft war ausgeprägt, auch Erste Hilfe Kurse haben wir gemacht. Und es war auch lustig: Im Stroh schlafen, weg von zu Hause und von den Lehrern. Wir waren unter uns. Und das Singen! Wir haben sehr viel gesungen. Über Politik haben wir nicht nachgedacht.

Hattest du Kontakt zu jüdischen Nachbarn?
Nein, ich kannte keine jüdische Familie, deswegen fiel mir das nicht auf, dass sie weg waren oder weggebracht wurden. Uns wurde erzählt, die Juden seien die älteste Rasse der Welt mit den meisten Geschlechtskrankheiten und – was immer das auch ist – eine verkommene Erbmasse, Lumpensammler. Wir haben das, ohne darüber nachzudenken, angenommen und die Kinder haben hirnlos auf der Straße solche Lieder gesungen:

10 Napola – hießen abgekürzt die Nationalpolitischen Erziehungsanstalten. In diesen Internatsoberschulen sollten die neuen Eliten erzogen und ausgebildet werden

"Töff, Töff, Töff es kommt ein Jud gefahren,
Töff, Töff, Töff mit einem Kinderwagen,
Töff, töff, töff wo will der Jude hin?
Er will wohl nach Jerusalem, wo all die Juden sind.
Schmeißt die raus! Die ganze Judenbande.
Schmeißt sie raus! Aus unserem Vaterlande.
Schickt sie wieder nach Jerusalem,
doch haut zuerst die Haxen hab,
sonst komm se wieder rinn!"

Heute frage ich mich: Warum hat uns eigentlich nie ein Erwachsener gefragt: „Sag mal, was singst du da eigentlich!? Weißt du eigentlich, was du da singst?"

*Ihr habt in Lübecks Kommunistenhochburg gewohnt.
Hast du nicht bemerkt, dass die Kommunisten auf einmal
alle weg waren?*
Andersrum, es war toll, dass da eine neue Regierung war. Es gab keine Arbeitslosen mehr, es gab „Arbeit und Brot" für alle.

Die Roten waren weg. Nach denen hat auch niemand mehr gefragt. Im „Konzentrationslager" seien sie, hieß es. Als wir fragten, was das sei, bekamen wir zur Antwort: Das haben die Engländer erfunden, das waren Umerziehungslager im Burenkrieg. Dort wurde man politisch zum vernünftigen Menschen umgeschult. Wir sagten na ja, wenn das so sein muss. Bei uns sah es doch so aus, als sei alles in bester Ordnung.

Hattet ihr ein Radio?
Ja sicher, einen Volksempfänger, in den wir die Ohren steckten, wenn Hitlerreden übertragen wurden: „Achtung! Der Führer spricht..." Es war die pure Begeisterung. Wir hörten ja, dass alle jubelten. Verstanden haben wir nicht viel. Aber die Wiederherstellung der Ehre war uns wichtig. Das Glaubensbekenntnis im Jungvolk lautete:

„Jungvolk Jungen sind hart
Jungvolk Jungen sind tapfer
Jungvolk Jungen sind treu
Des Jungvolk Jungen Höchstes ist die Ehre."

Um 1935 herum warst du 13 Jahre alt, hattest du schon Mädchenbekanntschaften?
Null! Der Bund Deutscher Mädchen, der BDM, war ja die Mädchenorganisation der Hitlerjugend. Ich hatte zwangsweise Kontakt mit meiner „Politischen Frau" – so hieß das. Sie gehörte zum BDM in Lübeck-Ost. Das war so ein „Schneewittchen, ohne Hintern, ohne Tittchen". Zur Weihnachtszeit haben die Mädels dann Plattenkuchen für uns gebacken. Völlig uninteressant diese BDM-Typen. Mädchen, die einigermaßen hübsch waren und was auf sich hielten, waren nicht im BDM.

Kurt (re.) und sein Bruder Heinz (li.) im Schullandheim

Die hübschen waren nämlich in der Tanzschule von Martha Luise Stolze. Partys gab es früher nicht. Die Jungs waren für sich und die Mädchens waren für sich. Bei Martha Luise Stolze mussten wir in ihrem Schraubgriff Langsamen Walzer lernen. Angeblich war sie in den 20er Jahren eine berühmte Tänzerin. Sie war klein, aber wenn sie dich im Griff hatte, warst du ein Opferlamm. Wir haben die „Damen" zugeteilt bekommen, nicht etwa selber ausgesucht. Ich bekam so was Blondes mit langen Zöpfen aus guter Familie. Bestimmt trug sie Unterhosen aus Leinen vom Knie bis unter die Brustwarzen.

Haben andere Nazigrößen neben Hitler für euch eine Rolle gespielt?
Ja, Goebbels, weil wir ihn mit seinem Humpelbein gut nachmachen konnten, und Göring als ordenbehängtes Gebirge. Damals fingen auch die „Frau Wirtinnen Sprüche" an:

> „Frau Wirtin hat auch einen Intendant
> Der tät mit Knaben buhlen
> Als das dem Dritten Reich bekannt
> Hat man zum Staatsrat ihn ernannt
> So ehrt man heut' die Schwulen."

Das war eine Anspielung auf Gustaf Gründgens[11], und an diesen Sprüchen mag man erkennen, wie wenig ernst wir die Nazis genommen haben. Das blieb allerdings alles unter uns. Wir haben es besser nicht dem Ortsgruppenführer erzählt, das hätte vielleicht unangenehme Folgen gehabt. Wer mit solchen Sprüchen erwischt wurde, dem drohte Jugendarrest oder der unehrenhafte Ausschluss aus der Hitlerjugend.

Ist damals schon dein Entschluss gereift, in den Krieg zu ziehen?
Die HJ-Ausbildung war bereits paramilitärisch. Und es war klar, dass wir die Schande des Ersten Weltkriegs auslöschen wollten. Die Wegnahme der Ost- und der Westgebiete haben wir als Verbrechen angesehen. Die Besetzung Österreichs war die daraus resultierende logische Folge. Der Erste Weltkrieg war knapp 20 Jahre her. Für uns war er damals eine offene Wunde.

Wir verehrten unseren Lehrer Dr. Behrens. Er hatte bei Verdun von einem Franzosen mit dem Gewehrkolben eins abbekommen. Auf seiner Stirn konnte man ein tief eingeschlagenes Dreieck und sein Gehirn pluckern sehen... Ein Arm war verkrüppelt und ein Bein schleppte er nach. Wir hörten ihn bei offener Tür schon von weitem kommen: ta damm ta damm ta damm. Wir nannten ihn deshalb Jambus, nach dem Versmaß. Er stand am Pult mit seinem längeren Bein unten und dem kürzeren auf der Stufe. Er unterrichtete uns in Latein. Wir hatten großen Respekt vor ihm.

Also der schwerverwundete Mann plus die Lehre vom Schanddiktat ergaben Motivation zum Soldatwerden?
Das durfte so nicht bleiben. Ein anderer verwundeter Lehrer war Hänschen Lange, dem war direkt vor der Nase eine Handgranate explodiert und von den feinen Splittern hatte er blaue Flecken im Gesicht. Ein Auge war weg, und auf dem anderen hatte er noch eine Sehkraft von zehn Prozent.

Er konnte in der Klasse nicht mal die erste Reihe sehen. Bei Klassenarbeiten bei ihm haben wir weder abgeschrieben noch gemogelt – eine Sache der Ehre. Er unterrichtete Deutsch. Manchmal ging er mitten in der Stunde raus, sagte: „Jungs seid mal kurz ruhig." Wir wussten nicht wohin, bis wir mal hinter ihm her sind und geguckt haben:

11 Gustaf Gründgens (1899-1963), Schauspieler und Regisseur – bekannte sich 1934 als Intendant des Schauspielhauses in Berlin zu seiner Homosexualität

Er ist aus dem Lehrerausgang raus, gegenüber in die Kneipe „Zur Ostsee" und hat zwei gekippt – wegen der Kopfschmerzen. Jedes Mal, wenn er ging, standen wir am Fenster – er konnte uns ja nicht sehen.

An Herrn Maier-Gerhardts erinnere ich mich auch noch. Der sagte häufig: „Mit diesem Finger habe ich für euch geblutet!" Der hatte so einen schiefen Finger. Mehr hatte er im Ersten Weltkrieg nicht abbekommen. Er warnte immer vor der „Gelben Gefahr", den Chinesen und dem Kommunismus. Trotzdem behauptete er auch: „Karl Marx, im frühen 19. Jahrhundert, der war ein Visionär." Maier-Gerhardts hat als Einziger wenig erlebt und viel vom Krieg erzählt.

Der Geschichtslehrer spornte uns an, wir sollten kämpfen – gegen die Besetzung des Rheinlandes, die Reduzierung der Wehrmacht auf ein 100.000-Mann-Berufsheer – das waren alles Auflagen nach dem Ersten Weltkrieg.

Wenn die Lehrer in die Klasse kamen, standen wir auf und sie mussten uns mit „Heil Hitler" begrüßen. Kam Behrens rein, sagte er: „Guten Tag meine Herren, und für diejenigen, die es hören wollen: Heil Hitler." Das war höchst gefährlich. Es hat uns aber auch imponiert. Niemand hätte ihn verraten.

Dann kam der Angriff auf Polen. Habt ihr ihn so wahrgenommen, wie er offiziell bekannt gegeben wurde?
Ja, wie sonst, andere Meinungen gab es nicht.

Habt ihr auch nichts anderes geahnt?
Nein überhaupt nicht! Der Polenfeldzug ging los und die 30. Division mit Standort Lübeck hat ihn entschieden. In der Zeitung, den „Lübecker Nachrichten", gab es seitenweise Todesanzeigen mit Eisernem Kreuz und schwarzem Rand. Alles vom Polenfeldzug.

Woher kam eigentlich deine Begeisterung für den Krieg?
Es war keine Begeisterung, es war Vaterlandsliebe. Das war Erziehung, schon auf dem Johanneum, obwohl es überhaupt keine Nazi-Schule war. Der Geschichtslehrer spornte uns an, wir sollten kämpfen – gegen die Besetzung des Rheinlandes, die Reduzierung der Wehrmacht auf ein 100.000-Mann-Berufsheer – das waren alles

Kindheit und Jugend in Lübeck

Auflagen nach dem Ersten Weltkrieg. „66 Millionen an Deutschlands zerrissenen Grenzen wohnen", war ein Gedicht von Hans Grimm[12]. Dort lebten Deutsche – in Polen, Frankreich, Belgien, Dänemark.

Die „Heimkehr" des Saarlandes wurde groß gefeiert. Der Erste Weltkrieg war bei den Lehrern noch sehr präsent, weil sie Soldaten waren. Wir wurden eindeutig auf Wiedergutmachung programmiert.

...naiv, verführt, bar jeder Ahnung... wusstet ihr überhaupt, was Krieg bedeutet?
Ja, das wussten wir schon, wir hatten ja in der Schule viel Weltkriegs-Literatur gelesen. Nicht nur Ernst Jünger[13] „In Stahlgewittern", sondern auch „Gruppe Bosemüller" von Werner Beumelburg[14]. Selbstverständlich haben wir in der Schule „Im Westen nichts Neues"[15] nicht gelesen.

Ich wurde in Lübeck eingezogen und zwei Monate später zur Rekrutenausbildung nach Holland versetzt. Unser Regiment war Besatzung. Das war 1940. Ich war noch 17 Jahre alt. Die ganze Klasse war kriegsfreiwillig. Es war das Abiturjahr. Wir erhielten ein „Notabitur", das heißt, wir wiesen dadurch Reife nach, dass wir uns freiwillig zum Krieg meldeten. Es gab Lehrer, die sagten: „Für reif halte ich euch nicht, aber ihr seid frei und willig..."

Das Vaterland hat uns gerufen. Der Krieg war seit 1. August 1939 im Gange: 18 Tage Polenfeldzug, in vier Wochen Frankreich besiegt, Blitzkriege. Hitler hat in Compiegne in dem gleichen Waggon, in dem die Kapitulation von 1918 unterzeichnet

12 Hans Grimm (1875-1959), Schriftsteller – „wichtigstes" Werk: „Volk ohne Raum", erschienen 1926
13 Ernst Jünger (1895-1998), Schriftsteller und Philosoph
14 Werner Beumelburg (1899-1963), Schriftsteller – einer der bekanntesten Autoren zwischen 1933 und 1945
15 „Im Westen nichts Neues" ist die 1929 erschienene Anklage gegen den Krieg in Romanform von Erich Maria Remarque

wurde, die Franzosen kapitulieren lassen. Unsere Ausbildung war hart. Wir lernten den Umgang mit Waffen und übten im Gelände. Schützengräben haben wir aber keine ausgehoben, das haben wir den anderen überlassen.

Zum Schaufeln waren wir uns als Kämpfer zu schade. Spaß gemacht hat die Ausbildung überhaupt nicht. Aber wir wussten: Das war notwendig. Wenn du überleben willst, dann nimmst du das furchtbar ernst. Die Hacken haben uns die Ausbilder runter getreten, als Schutz vor dem Hackenschuss. In der Ausbildung mussten wir viel schießen. Ich war von Anfang an ein sehr guter Schütze. Hatte ich drei Mal die Zwölf – also ins Schwarze – geschossen, konnte ich den Stahlhelm abgeben, durfte meine Feldmütze aufsetzen und spazieren gehen.

So bin ich auch nach Amsterdam gefahren – die Zugfahrten waren nämlich umsonst – oder nach Utrecht, in die Museen. Mit drei Zwölfen konnte ich nach einer Stunde mit der Ausbildung aufhören.

Nach vier Monaten wurden wir verladen. Wir sind in drei Tagen durch die Republik nach Ost-Preußen gefahren, wo wir Übungen machen sollten. Ost-Preußen hat große Felder und Wälder – hieß es und sei für Übungen ideal. Erst zwei Tage vor dem 21. Juni 1941 hörten wir: Es geht gegen Russland. Der Krieg wurde nicht erklärt, wir marschierten einfach über die Grenze.

Wir erhielten ein „Notabitur", das heißt, wir wiesen dadurch Reife nach, dass wir uns freiwillig zum Krieg meldeten. Es gab Lehrer, die sagten: „Für reif halte ich euch nicht, aber ihr seid frei und willig..."

Kurt Weidemann als Kompaniechef mit silberner Nahkampfspange im Jahre 1944

Ich wäre gern den Heldentod gestorben

Krieg ist fürchterlich, aber für Kurt Weidemann war er aufgrund seiner damaligen Überzeugung notwendig. Die Aufgabe, als Soldat in den Krieg zu ziehen, erfüllte ihn mit großer Erwartung. Dekoriert mit Eisernem Kreuz I. und II. Klasse, Infanterie Sturmabzeichen und Nahkampfspange hat er zwischen seinem 18. und 22. Lebensjahr bis zum Ende des Zweiten Weltkrieges in Russland dem Vaterland gedient.

Dabei hat er bei einem Bunkervolltreffer die Sprache verloren und erst lange nach dem Krieg vollständig wieder zurückgewonnen, fand die „vollgefressenen Parteigenossen" in der Heimat zum „Kotzen" und bezeichnete seine Division als Zuhause. Er darf „Mörder" genannt werden und wäre gern den Heldentod gestorben...

Habt ihr überhaupt gewusst, wohin es geht, als zum Aufbruch geblasen wurde?
Nein, wir waren mit der jeweils aktuellen Situation beschäftigt. Wir haben uns das auch nie gefragt. Die Informationen waren dürftig. Auf dem Weg durch die baltischen Staaten nach Russland wurde erst ein bisschen durch die Gegend geschossen, aber hauptsächlich wurde marschiert: Wochen über Wochen. 60, 70, 80 Kilometer am Tag. Einmal sind wir in 22 Stunden 82 Kilometer gegangen. Am Stück mit Sekundenkurzschlaf im Gehen... Das ging so bis zum 27. Juli 1941, an diesem Tag hatten wir unseren ersten Sturmangriff. Luftwaffe und Panzer hatten uns vorher den Weg frei gemacht.

Ist bei diesen Gewaltmärschen nicht etwas von der Kriegseuphorie verloren gegangen?
Es gab keine Euphorie. Wir waren schon ganz schön fertig. Das Marschieren war das Schicksal des Infanteristen.

Ihr hattet wahrscheinlich auch noch eine ganze Menge zu schleppen?
Unser persönliches Gepäck wurde in den Pferdefuhrwerken transportiert, weil wir keine Lastwagen hatten. Die Soldaten trugen Waffen und Munition. In der Kompanie schleppte der Schütze eins das Maschinengewehr, das war ziemlich schwer. Schütze zwei trug die Lafette, das Gestell, auf dem das Maschinengewehr in Stellung gebracht wird, ein so genanntes Schweres Maschinengewehr.

Das Leichte MG hat vorne ein Zweibein, das Schwere hat eine Zielvorrichtung. Das ist damit technisch perfekter, schießt weiter und genauer. Der Schütze zielt durchs Glas, peilt den Feind an und dann: Feuer frei. Die Munitionsschützen trugen vier Kästen à 300 Schuss.

Kurt Weidemann als Arbeitsmann im Reichsarbeitsdienst 1940

Persönliche Sachen – was haben wir uns darunter vorzustellen?
Na, Socken und Unterwäsche. Ja – und den „Faust – 1. Teil", der lag in der Gasmaskenbüchse. Deshalb haben wir die Gasmasken nicht in der Dose aufbewahrt. Soldbuch und die Erkennungsmarke natürlich auch. Beides war für Soldaten erkennungsdienstlich wichtig. Im Winter 1941/42 gehörten zu den persönlichen Dingen auch Pelzmäntel und Nerze vom Feinsten. Die Pelze wurden in der Heimat gesammelt. Jede Dame, die was auf sich hielt, schickte ihren Nerz an die Front. Wir sahen darin aus wie „Onkel Nutte". Im zweiten Winter bekamen wir dann endlich wattierte Winterkleidung.

Hattest du nichts zu schreiben dabei?
Nein, Tagebuchschreiben war ja verboten, aber ich hab mir dann besorgt, was ich brauchte. Die Schulen standen leer, also nahm ich die russischen Schulhefte, habe sie voll geschrieben, zugeklebt und mit Urlaubern oder Verwundeten nach Hause geschickt. Erlaubt waren nur Feldpostkarten oder Briefe. Ich weiß auch gar nicht mehr genau, wann ich eigentlich Tagebuch geschrieben habe. Wahrscheinlich als ich auf Posten stand, nachts. Die Tagebücher gingen

an den Vater eines Klassenkameraden, der sie für mich aufbewahrte. Mein Vater war dienstversetzt irgendwo in Polen, dem konnte ich sie nicht schicken. Ich hab die meisten Bücher erst Jahrzehnte nach dem Krieg wieder geöffnet[1].

Und von der politischen Gesamtlage habt ihr auch nichts gewusst?
Nein, wir bekamen nur die Sondermeldungen: Die Luftwaffe macht dies, die Mittelfront macht das. Vorstöße auf Kiew, tausende von Gefangenen gemacht, die U-Bootwaffe versenkt ein Versorgungsschiff nach dem anderen – Erfolgsmeldungen über Erfolgsmeldungen, Sondermeldungen, Sondermeldungen, Siege, Siege, Siege.
Die Informationen waren Propaganda.

Wusstet ihr von zu Hause, dass Städte bombardiert wurden?
Doch, das wussten wir schon. Lübeck war als erste Stadt bombardiert worden, und zwar gewaltig, das war die Reaktion auf Coventry, eine englische Stadt, die von den Deutschen zerstört wurde. Coventry war eine mittelgroße Stadt, in der keine Rüstungsproduktion angesiedelt war oder andere kriegswichtigen Güter hergestellt wurden. Der deutsche Bombenangriff war ein reiner Terrorangriff. Die ganze Stadt wurde vernichtet.
   Daraufhin sagten sich die Engländer, das können wir auch. Lübeck fanden sie wahrscheinlich passend. Pro Bombe ging in der 700 Jahre alten Stadt ein Kulturdenkmal drauf – unendlich schöne Bauten...

Im Winter 1941/42 gehörten zu den persönlichen Dingen auch Pelzmäntel und Nerze vom Feinsten. Die Pelze wurden in der Heimat gesammelt.

Wo warst du, als deine Heimatstadt bombardiert wurde?
Ich habe den Angriff selbst miterlebt. Das war am Palmsonntag 1942. Ich war zufällig zu Hause, nachdem ich das erste Mal verwundet worden war. Ich bin im Oktober 1941 von einer Schrapnellkugel im Fußrücken getroffen worden. Ein Schrapnell platzt in der Luft, dann schießen die Kugeln runter. Diese Luftexplodierer waren deshalb so brandgefährlich, weil sie von oben in die Gräben sausten. Normale Granatsplitter flogen drüber weg.

1 Die Feldtagebücher sind 2002 als Privatdruck publiziert in Kurt Weidemann: „Kaum ich. Die Feldtagebücher und die Gefangenschaft von Kurt Weidemann 1940 bis 1950"

Wie konnte ausgerechnet dir so was passieren?
Es war der Morgen des 2. Oktober 1941. Ich hatte in der Nacht sehr gefroren, wollte mir einen Kaffee holen, habe von den Kameraden die Feldflaschen eingesammelt und bin zum Kompaniegefechtsstand gegangen, zur Feldküche. Dann bin ich zurück zu den einzelnen Bunkern, habe die Flaschen rein geworfen und gerufen: „Kaffee! Heißer Kaffee!".

Erfolgsmeldungen über Erfolgsmeldungen,
Sondermeldungen, Sondermeldungen, Siege, Siege, Siege.
Die Informationen waren Propaganda.

Kurz vor meinem eigenen Bunker, in dem wir zu viert hausten, kommt der Granateinschlag. Die Granate, die einen trifft, die hört man nicht. Man hört die anderen, die links oder rechts, vor oder hinter einem einschlagen. Plötzlich bekam ich einen Schlag auf den Fuß – ein Gefühl, als ob dir jemand mit einem schweren Eisenhammer eins drüberzieht. Ich dachte: „Was war das?" Dann muss ich geschrien haben, denn die anderen kamen raus und zogen mich schnell in den Bunker. Der Stiefel musste zügig aufgeschnitten werden, damit man überhaupt an den anschwellenden Fuß ran kam.

Deine Verwundung hat dich aber nicht daran gehindert, so schnell wie möglich wieder an die Front zurückzukehren...
Ab 1942 ging das nicht mehr so schnell. Aber ich wollte unbedingt und hab mich sehr gefreut, als ich wieder bei meiner Kompanie angekommen war. Einerseits schmeiße ich mein Leben in die Schanze, andererseits war ich mit den Kameraden sehr eng zusammen gewachsen. Uns war nicht klar, dass der Krieg schon verloren geht. Vielen, die heute behaupten, sie hätten das seit langem gewusst, glaube ich nicht. Ich wusste nichts. Damals ist mir jedenfalls niemand begegnet, der das behauptet hat. Klar war nur, Stalingrad war heftig umkämpft – 1943 war das. Wir glaubten, wir sind bald in Leningrad!

Wenn ihr durch Städte kamt, waren die bereits evakuiert?
Wir wünschten uns immer, keine Zivilisten mehr zu vorzufinden. Und wenn doch, haben wir ihnen zu essen gegeben und ihnen

gesagt: „Leute, haut ab, hier ist jetzt Rabatz, das ist nix für euch." Die taten uns leid.

Das war in Russland, und vorher?
Letten und Litauer waren sehr deutschfreundlich. Sie standen an der Straße und versorgten uns mit Wasser und Brot. Durch Estland konnten wir mit freundlichster Unterstützung der Bevölkerung durchmarschieren, weil wir es waren, die sie „vom Kommunismus befreit haben".

Bekanntlich hat die Wehrmacht gerade an der Zivilbevölkerung Gräueltaten verübt...

Vormilitärische Ausbildung in der Hitlerjugend

Bei uns gab es Kriegsführung nach der Genfer Konvention. Für Gräuel hatten wir gar keine Zeit und erst recht keinen Gedanken. Nach einem Angriff wurde ein verwundeter Rotarmist genauso erstversorgt wie einer von uns. Er war kein Feind mehr, sondern ein Verwundeter. Ich habe annähernd so viele Russen verbunden wie Kameraden meiner Kompanie.

Abends seid ihr zurück ins Lager und habt gefeiert?
Von wegen! Wir waren ununterbrochen unendlich müde! Wer konnte, hatte im Gehen geschlafen, wenn er irgendwo was zum Festhalten gefunden hatte. Die Pferde waren so langsam wie wir, weil die schwer zu ziehen hatten. Die Wege waren miserabel. Konnte man sich an einem Fahrzeug festhalten, dann schlief man so 20 bis 30 Sekunden, das war erstaunlich erfrischend. Weniger das Kämpfen als vielmehr das Laufen machte uns fertig.

Die Granate, die einen trifft, die hört man nicht. Man hört die anderen, die links oder rechts, vor oder hinter einem einschlagen.

Du hast mal gesagt, dich darf man einen Mörder nennen. Ja, sogar Massenmörder. Darauf kann man wohl nicht stolz sein, aber du hast Menschen getötet.
Das Wort „Mörder" ist einem Gerichtsurteil entlehnt. In einem Verfahren in den achtziger Jahren stellten Richter fest, dass man Soldaten ungestraft Mörder nennen dürfe.

Und wie war das im Krieg?
Unsere Regel hieß: Wer zuerst schießt, lebt am längsten. Man schießt mit Maschinengewehr und im Einzelschuss, mit Karabiner und Pistole, mit Handgranaten und Panzerfaust. Zweifel kannten wir nicht. Soldat ist einer der ältesten Berufe.

Es wurden immer klare Befehle erteilt, wann, wo welches Angriffsziel gestellt ist. Wenn wir das Dorf in zwei Kilometern Entfernung erreicht hatten, gab es ein zweites Angriffsziel. Wenn wir das auch erledigt hatten, kam ein weiteres Dorf.

Warum hast du geschossen?
Weil wir im Krieg waren. Ich habe mein Vaterland verteidigt! Mein Leben war mir egal. Ich wäre sogar gerne den Heldentod gestorben. Als frühe Lebenserfüllung wäre es sicher besser gewesen als das, was in den Jahren danach kam.

Du meinst die Kriegsgefangenschaft?
Ja. Vor dem Krieg haben uns die Lehrer Hölderlin[2] beigebracht. Für mich ein großer deutscher Dichter, „Der Tod fürs Vaterland" heißt ein Gedicht:

> „Du kömmst, o Schlacht! schon wogen die Jünglinge
> Hinab von ihren Hügeln, hinab ins Tal,
> Wo keck herauf die Würger dringen..."

Heute frag ich mich, warum hat keiner wissen wollen, warum wir die Jünglinge sind und die anderen die Würger, die Bösen? Das Ende des Gedichts geht so:

> „Und Siegesboten kommen herab: Die Schlacht
> Ist unser! Lebe droben, o Vaterland,
> Und zähle nicht die Toten! Dir ist,
> Liebes! nicht Einer zu viel gefallen."

Also, dort gehörst du hin: Das Vaterland ist droben. Das haben wir verinnerlicht. Das war Sinn und Ziel.

---

2 Johann Christian Friedrich Hölderlin (1770-1843), Dichter – sein Werk wurde während des Nationalsozialismus für die Zwecke der Machthaber mißbraucht

Du hast mal gesagt, du hast überlebt, weil du keine Angst hattest.
Ich weiß nicht, woran das liegt, das muss eine Art Mangelkrankheit bei mir sein. Ich habe gespürt, wenn ich Angst bekomme, bin ich gefährdeter, weil meine Reaktionsfähigkeit sich verzögert. Die Schisshasen sind ja auch früher gefallen. Der Kampfeswille aktiviert die fünf Sinne und den Überlebenswillen.

Hast du immer noch vor nichts und niemandem Angst?
Ich hab keine Angst vor nix und niemandem. Und heute wie damals verfüge ich über einen guten Instinkt, der mich schützt. Ich erzähle mal ein Beispiel aus dem Krieg: Wir waren zu fünft auf einem Trampelpfad. Ich entschied mich, diesen Trampelpfad gehe ich nicht weiter und nahm einen anderen Weg. Die anderen kamen nicht an. Eine Zufallsgranate traf sie. Sternförmig lagen sie um den Einschlag. Diese Störfeuer gab es immer, so dass man nie sagen konnte: Heute scheint die Sonne, ich leg mich draußen hin und genieße mein kurzes Leben – das ging nicht. Der tägliche Artilleriebeschuss diente der Verunsicherung. Und manchmal traf er dann auch. Auch unser Bataillonskommandeur Freiherr von Hodenberg – von den Landsern „Klötenhügel" genannt – ist auf diese Weise beim Pilze pflücken gefallen. Er wollte sich abends noch ein leckeres Pilzgericht zubereiten...

Angriffe wurden strategisch und taktisch geplant, um Verluste zu vermeiden, meistens im Morgengrauen.
Da trafen zwei „Fachmannschaften" aufeinander, und los ging's. Drei oder vier Tage lang haben wir auf den Rückzugskämpfen 1944 gegen die Abgänger der Kriegsschule Leningrad gekämpft. Mein lieber Mann, das waren vielleicht gute Soldaten. Es wurden immer klare Befehle erteilt, wann, wo welches Angriffsziel gestellt ist. Wenn wir das Dorf in zwei Kilometern Entfernung erreicht hatten, gab es ein zweites Angriffsziel. Wenn wir das auch erledigt hatten, kam ein weiteres Dorf.

Viel schlafen konntet ihr demnach nicht?
Nein, nachts mussten wir auch Wache stehen. An mehr als vier bis fünf Stunden Schlaf war überhaupt nicht zu denken. Am Tag sowieso nicht. Und im Stellungskrieg war die Nacht gefährlicher als der Tag. Mehr als fünf Stunden Schlaf brauche ich bis heute

nicht. Und für mich sind bis heute die wichtigsten Arbeitsstunden die am frühen Morgen, ab fünf, sechs Uhr.

Musstet ihr euch auch mit Partisanen auseinandersetzen oder habt ihr davon nichts mitbekommen?
Klar, das Gelände in Nord-Russland ist ziemlich sumpfig. Wir befestigten die Wege mit dünnen Kieferstämmen, sonst wären die Fahrzeuge nicht durchgekommen. Partisanen haben nachts unter die Knüppeldämme Tellermienen geschoben. Die haben einen Scherstift, der bei einer bestimmten Belastung durchbricht. Dann macht's wumm und Etliches fliegt durch die Luft.

Bist du mal einem Partisanen persönlich begegnet?
Nein. Ich hab nur mal welche hängen sehen. Das machten die rückwärtigen Truppen. Partisanen kämpfen in zivil. Die Genfer Konvention gibt aber vor, dass ein Soldat als solcher erkennbar sein muss. Ein Soldat darf kein Zivil tragen. Wenn Partisanen erwischt wurden, hat man offenbar kurzen Prozess gemacht.

Aber in der Genfer Konvention ist auch der Gefangenenschutz definiert...
...Partisanen wurden nicht als Gefangene angesehen. Die haben Fahrzeuge und Lazarette in die Luft gesprengt. Heute würde man sie Terroristen nennen. Für uns Soldaten war die Situation anders. Dafür gab es Spielregeln. Wir wussten, wie ein Angriff und wie eine Verteidigung abläuft. In der offenen Feldschlacht wussten wir, wie wir uns zu verhalten hatten, wie der Feind sich bewegte und welche Waffen er benutzte. Der Bessere gewinnt – und der Bessere war, wer die bessere Position hatte, die bessere Strategie und Taktik verfolgte und seine Waffen richtig einsetzte.

Es gab ja nicht nur Kampf...
Einmal, während ich hinter zwei berittenen Offizieren marschierte, hörte ich, wie sich der Neffe des ehemaligen Reichskriegsministers Oberleutnant von Blomberg[3] und Oberleutnant Hoffmeister unterhielten. Ich bemerkte, dass von Blomberg im Gespräch immer einsilbiger wurde. Hoffmeister sagte zu von Blomberg immer nur Blomberg, bis der äußerte: „Entschuldigen Sie Herr

3 Werner Eduard Fritz von Blomberg (1878-1946) – Blomberg war von 1933 bis 1938 Reichswehrminister, seit 1935 Reichskriegsminister und ab 1936 der erste Generalfeldmarschall der Wehrmacht, sein Neffe diente im Infanterieregiment 6

Hoffmeister, ich heiße nicht Blomberg sondern von Blomberg. Ich sage ja auch nicht Meister zu ihnen, sondern Hoffmeister." Angesichts der Tatsache, dass wir uns auf einem verminten Knüppeldamm befanden, erschien es mir sehr beruhigend, dass sie dieses Problem gelöst hatten.

...Partisanen wurden nicht als Gefangene angesehen. Die haben Fahrzeuge und Lazarette in die Luft gesprengt. Heute würde man sie Terroristen nennen.

Immerhin: Wir hätten jeden Moment in die Luft fliegen können, da sollten die wesentlichen Fragen des Lebens schon besprochen sein...

Über Offiziersstiefel wurde insofern gesprochen, als es darum ging, ob man lieber enges Juchtenleder trägt oder Knobelbecher. Denn die Russen hatten Befehl, auf „die mit den dünnen Beinen" zuerst zu

schießen. Die mit den dünnen Beinen, das waren die mit den Offiziersstiefeln. Also trugen wir Knobelbecher wie die Landser, sonst hätten wir das Feuer auf uns gezogen. Wir stellten uns auch mal die Frage, ob der Stiefelwechsel Drückebergerei ist.

So ein Krieg zehrt ja an den Kräften – wie wurdet ihr versorgt?
Ganz wichtig war der Nachschub. Und der funktionierte gut. Wenn's nötig war, hat die Feldküche nachts um drei noch für uns Essen gebracht. Oft gab es Erbsensuppe mit Speck. Die war zwar sauer, bis sie bei uns an der Front ankam, aber wir haben sie mit Heißhunger gegessen.

Welche Rolle spielte Freundschaft für dich in einer Situation, in der jeder sehen musste, wie er selber einigermaßen überlebt?
Die wichtigste Frage ist: Wer ist neben dir, wenn du angreifst, verwundet wirst oder fällst? Mit einem Klassenkameraden war ich

während des Vormarsches bis zum ersten Feindkontakt und bis zu unseren ersten Verwundungen Ende 1941 zusammen. Und dann haben wir uns aus den Augen verloren. Erst viel später, fünf Jahre nach Kriegsende, kam es zu einem Wiedersehen.

Kriegsführung ist kein Spiel. In der Heeresdienstverordnung 300 heißt es sinngemäß: „Kriegsführung ist eine Kunst, eine auf wissenschaftlicher Grundlage beruhende freie schöpferische Tätigkeit." Das ist der erste Satz, und das fand ich damals sehr treffend.

Lass uns über deine Verwundung sprechen.
Du wurdest ja nach Hause geschickt...
Einen Tag lang wurde ich mit anderen Verwundeten in einem Güterwaggon bis nach Dünaburg in Richtung Ostpreußen gefahren. Zuerst wurde ich entlaust, alle Haare wurden abrasiert. Dort gab es auch richtig was zu essen: drei Teller Erbsensuppe mit Speck. Ich wurde endlich mal wieder richtig satt. Aber weil ich unmittelbar danach operiert wurde, hab ich die Narkose nicht vertragen und den ganzen Operationssaal vollgekotzt... Schließlich wirkte deswegen auch die Narkose nicht richtig, sie hatten aber schon angefangen, an meinem Fuß zu operieren. Das tat höllisch weh. Irgendwann war ich dann doch weg. Ich schlief bis in den nächsten Tag und wachte mit der Schrapnellkugel in der Hand wieder auf. Die Kugel habe ich noch lange als Talisman bei mir getragen.

Danach wurde ich nach Schierke in den Harz verlegt. Dort hatte ich zum ersten Mal was mit einer Frau, und zwar mit der Kaltmamsell aus der Küche. Die hat mich „entjungfert". Ich war bereits 20 Jahre alt und wurde regelrecht verführt... Erinnern kann ich mich nur wenig. So viel weiß ich aber noch: Es fand draußen im Schnee statt und es musste schnell gehen, weil es saukalt war.

Wir bekamen „Schierker Feuerstein". Das war ein Kräuterschnaps, den wir auf zehn Tage verteilt trinken durften. Natürlich hatten wir das kaffeebraune Gebräu teilweise am ersten Tag ausgesoffen und die Flaschen mit schwarzem Kaffee aufgefüllt, damit die Krankenschwestern das nicht merkten. Von Schierke wurde ich nach Annaberg, ins Erzgebirge, verlegt. Danach endlich zum Ersatztruppenteil Lübeck und an die Front. Ich war froh, wieder zu meinem Regiment zurück zu dürfen.

Ganz schön tapfer...
1941 hab ich das Eiserne Kreuz II. Klasse[4] bekommen und das Infanterie Sturmabzeichen[5]. Dafür musste man mindestens drei Sturmangriffe überstanden haben.

Tapferkeit im Krieg – was verstehst du darunter?
Tapferkeit heißt nicht Draufgängertum. Ich habe einmal einen Befehl verweigert. Das war ziemlich riskant, aber notwendig und insofern tapfer. Der Anlass war folgender: Unsere Front verlief relativ gradlinig, bis auf ein Dorf, das in unserer Linie fast kreisförmig hineinragte. Ich erhielt den Befehl zur Begradigung. Das Dorf sollte auf Befehl des Generals bis 12 Uhr mittags eingenommen sein. Ich war damals Leutnant und Kompaniechef. Mir war klar, bei Tage war das nicht zu schaffen: Im Dorf standen zwei Panzer und zwei Schnellfeuerkanonen, „Ratschbum" genannt. Selbst wenn wir im 100-Meterlauf-Tempo auf das Dorf zu gerannt wären, hätte man uns abgeknallt.

So entschied ich: Wir warten bis nach Einbruch der Dunkelheit. Wir schlichen uns ganz leise an. Kurz vor dem Dorf brüllten wir lauthals „Hurra". Drin waren wir! Ganz ohne Schießerei! Die gebratenen Hähnchen, die von den Russen bei der Flucht in den Häusern zurückgelassen wurden, ließen wir uns schmecken. Die haben alles stehen und liegen lassen – auch die Panzer – und sind getürmt. Einem meiner Soldaten fuhr die russische Feldküche über die Füße – Verwundete und Tote gab es nicht zu vermelden. Den Gegenangriff im Morgengrauen haben wir abgewehrt. Das Dorf blieb unser. Für diese Aktion bekam ich das Eiserne Kreuz I. Klasse.

Welchen Rang hattest du zu diesem Zeitpunkt?
Ich war Leutnant und war für eine Offizierslaufbahn vorgesehen. Ich wollte aber auf keinen Fall Berufsoffizier werden, weil ich Bauer werden wollte, wie meinen Vorfahren.

Wie ist das, wenn man dauernd Tote und Sterbende sehen muss?
Die Betroffenheit gegenüber dem Unabänderlichen nimmt ab.

4 Das Eiserne Kreuz wurde ausschließlich für Tapferkeit vor dem Feind und für hervorragende Verdienste in der Truppenführung verliehen
5 Das Infanterie Sturmabzeichen gab es für drei Sturmangriffe in vorderster Linie mit der Waffe in der Hand sowie für erfolgreiche gewaltsame Erkundungen, Gegenstöße und Gegenangriffe, sofern sie zum Nahkampf geführt haben

Das gehört zum Spiel?
Kriegsführung ist kein Spiel. In der Heeresdienstverordnung 300 heißt es sinngemäß: „Kriegsführung ist eine Kunst, eine auf wissenschaftliche Grundlage beruhende freie schöpferische Tätigkeit." Das ist der erste Satz, und das fand ich damals sehr treffend.

Was passierte mit den toten Kameraden?
Dem Toten hat man die Erkennungsmarke, mit der er identifiziert werden konnte, abgenommen. Anschließend wurden die Angehörigen benachrichtigt.

Blieben die Toten einfach liegen oder habt ihr sie beerdigt?
Natürlich haben wir sie beerdigt. Loch buddeln, Mann rein, Erde drüber! Holzkreuz, Stahlhelm draufgehängt. Stilles Gedenken und weiter ging's. Wenn das nicht möglich war, mussten das die Truppen erledigen, die nach uns kamen. Jahre später in der Gefangenschaft mussten wir in der Gegend von Charkow Straßenverbreiterungsarbeiten durchführen und buddelten immer wieder gefallene Deutsche aus, weil viele neben der Straße beerdigt waren. Plötzlich guckte da ein deutscher Knobelbecher raus, mit ein paar Knochen drin. Die Stiefel hätten wir gerne genommen, denn das Leder war noch in Ordnung, nur die Nähte waren kaputt. Ging aber nicht – die Russen hätten sie uns sofort abgenommen – natürlich erst nachdem wir sie wieder einsatzfähig gemacht hätten.

Zurück zur Front.
Angriff – Verteidigung – Stellungskrieg. Wir waren etwa ab Mitte 1942 im Kessel von Demjansk[6] eingeschlossen. Die einzige Verbindung zum Nachschub war ein Schlauch, der hart umkämpft war. Ich habe bis Dezember 1942 ein Jahr im Kessel verbracht. In der Zeit haben wir uns oft mit den Russen um die Verpflegungsbomben gerangelt, denn die hatten oft noch viel weniger Verpflegung als wir.

Die Russen stellten irgendwann Lautsprecher auf und forderten uns zum Überlaufen auf. Wenn uns das zu viel wurde, schrien wir „Musik! Musik!". Also spielten sie Musik. Sachen wie „Am Abend auf der Heide"[7] oder Zarah Leander-Lieder. Schließlich wurde der Kessel aufgelöst. Wir mussten uns

6 Die Kesselschlacht von Demjansk fand vom 8.1.1942 bis zum 1.3.1943 statt. Eingeschlossen waren 95.000 Soldaten und 20.000 Pferde, die täglich mit 200 Tonnen Nahrungsmitteln versorgt werden mussten
7 Titelmelodie des Heimatfilmes „Am Abend auf der Heide" von 1941 mit Magda Schneider in der Hauptrolle

zurückziehen. Die Strecke, die wir 1941 in drei Monaten vorwärts gekommen waren, legten wir ab Herbst 1943 in eineinhalb Jahren im Rückwärtsgang zurück. Kämpfend wohlgemerkt...

Dabei wurdest du ein zweites Mal verwundet – mit schwerwiegenden Folgen.
Während der Rückzugskämpfe bin ich bei einem Bunkervolltreffer durch eine Granate verschüttet worden. Der Bunker war eng wie ein Brunnenloch. Drei Pritschen übereinander. Ein Sitz, ein kleiner Tisch, ein Fenster aus aufrecht stehenden Flaschen, weil die nicht sofort bei jedem Artillerie-Einschlag zerspringen. Flaschen hatten wir, weil es genug Trinkbares gab. Ich kam vom Postenstehen, setzte mich hin und schrieb in mein Tagebuch. Das hat mein Leben gerettet, denn der Volltreffer ging in die hintere rechte Ecke.

Als Weihnachtsmann an der Front 1942

Die Diagonale war zusammengebrochen. Die drei auf den Pritschen waren tot. Am nächsten Tag fingen die Kameraden an zu buddeln und fanden mich besinnungslos. Sie zogen mich raus. Als ich wieder zu mir kam, wollte ich erzählen, was passiert war. Aber ich konnte nicht mehr sprechen. Die Stimme röchelte gequält. Ich habe immer nach einem Loch im Körper gesucht und nach Blut. Aber körperlich war ich unversehrt.

Der Schock hat dir die Sprache genommen?
Das nehme ich an. Das hat man aber nie näher untersucht. Ich wurde zuerst nach Königsberg, anschließend an die Universitätsklinik nach Göttingen verlegt zum damals sehr bekannten Psychiater Professor Ewald[8]. Er zeichnete sich durch kein besonderes Interesse an mir aus: täglich an mir vorbei gehend und mich ignorierend! Die

8 Prof. Dr. Gottfried Ewald (1888-1963), äußerte sich öffentlich gegen die Euthanasie von psychisch Kranken, war jedoch kein Gegner der Nationalsozialisten, sondern ein Arzt, der sich für seine Patienten einsetzte

Der Zweite Weltkrieg

einzigen, mit denen er sich wirklich beschäftigte, waren die Stukaflieger[9] – Bilderbuchhelden.

Aber du musstest dich doch irgendwie verständlich machen?
Das ging schriftlich. Ich bekam eine kleine Schiefertafel um den Hals und einen Griffel. Ansonsten ließ ich alles über mich ergehen – ich war ja in der Klapsmühle. Beim Kommiss waren die Krankheiten durchnummeriert: Die 1 war chirurgisch, dann kamen Herz, Lunge, Leber und so weiter bis zur Nummer 33: Nerven- und Geisteskrankheiten – also Klapsmühle.

Auf dem Weg nach Göttingen sah ich übrigens zum ersten Mal aus dem Zug heraus Menschen mit dem Judenstern. Sie haben an den Gleisen gearbeitet. Ich wollte vom Sanitätsfeldwebel wissen, was das für Leute sind. Es seien Strafgefangene, sagte er, und ergänzte: „Wir können die ja nicht in den Gefängnissen durchfüttern, die müssen arbeiten. Schließlich müssen ja die Räder rollen für den Sieg!"

Ich hatte dann bald die Schnauze voll von der Klapsmühle und bat den Herrn Professor, studieren zu dürfen: Landwirtschaft. Er erlaubte es. Ich mietete mir ein kleines Zimmer in der Stadt – wenn ich die Jacke anziehen wollte, musste ich das Fenster aufmachen. Aber ich war selig. Eingeschrieben habe ich mich für das Wintersemester 1943/1944, aber das Semester zu Ende studiert habe ich nicht. Ich wollte doch lieber wieder an die Front. Schießen konnte ich ja!

9 Sturzkampfgeschwader, die so genannten Stukas – wendige Propellermaschinen für zwei Piloten, die im Sturzflug Bomben abwarfen

Der Zweite Weltkrieg

Ja, aber es war Krieg. Die oft miese Stimmung in der Heimat kotzte mich an! Alle dachten, es ist sowieso bald vorbei. Überall diese Drückeberger, diese Nazi-Parteigenossen.

Wie geht das, studieren ohne sprechen zu können?
Im Hörsaal hört man ja in erster Linie. Irgendwann entdeckte mich eine Dozentin für Phonetik, sprach mich an und wollte mir helfen. Sie wollte mit mir Sprachaufbau-Übungen machen. Ich war dann jeden Nachmittag bei ihr. Es gab Tee, Plätzchen und Pfefferkuchen.

Sie versuchte, meine Sprache über Atemtechnik und Lautübungen wieder aufzubauen. Mmaaa, Mmooo, Mmäää – aber das war mühselig. Ich wollte lieber diese Drückebergeratmosphäre verlassen.

Aber sprechen konntest du schon wieder?
Nein, da war noch nicht viel drin. Immerhin schaffte sie es, mich zu einem schweren Stotterer zu machen. Ich quälte kaum einen Satz raus und hatte Schweißausbrüche, wenn ich versuchte zu sprechen. Schließlich meldete ich mich zum Ersatztruppenteil und niemand hatte etwas dagegen.

Eigentlich war doch die Gelegenheit günstig, Front Front sein zu lassen und im zivilen Leben Fuß zu fassen?
Ja, aber es war Krieg. Die oft miese Stimmung in der Heimat kotzte mich an! Alle dachten, es ist sowieso bald vorbei. Überall diese

Drückeberger, diese Nazi-Parteigenossen. Und dauernd schnulzte Wilhelm Strienz[10], der Reichswermutsänger „Heimat, deine Sterne". Jeden Sonntag. Und das Vaterland weinte.

Das ging dir alles auf die Nerven?
Ich ging zurück zum Ersatzbataillon nach Lübeck. Mein Kommandeur war nach einer Verwundung auch rekonvaleszent und entschied: „Du kommst auf die Kriegsschule!" Ich antwortete: „Aaabberr, das k-k-kann ich nininicht!" Ich kam auf die Schule 1 für die Fahnenjunker der Infanterie in Potsdam – das war die beste Heeresoffiziersausbildung damals. Die Beurteilung meiner Fähigkeiten sollte aufgrund einer Bescheinigung meines Generals von Tippelskirch[11] ohne Berücksichtigung meiner Sprachprobleme erfolgen.

Wie konnte das gehen?
Mein Kommandeur hatte in der Berliner Illustrierten bei den Kleinanzeigen zwischen „Bettnässen" und „abstehenden Ohren" etwas gefunden: „Stottern heilbar. Direkor Warneke, Berlin, Kurfürstendamm 15. Selbst ehemaliger Stotterer." Da wurde ich auf Wehrmachtskosten hingeschickt. Ich mietete mich ein und war jeden Morgen bei Direktor Warneke. Ein Schwachkopf. Stotterer stottern vor allem bei den Verschlusslauten. Er hatte zwei Hartgummiplatten mit einer Aussparung für die Zähne entwickelt. Dazwischen waren kleine Sprungfedern. Die musste man in den Mund nehmen und dann reden. Das ging.

Von der Sprechmechanik her ging es ganz gut, aber die psychologische Seite blieb unberührt. Die anderen Patienten und ich haben den Warneke oft so auf die Palme gebracht, dass er selber wieder anfing zu stottern. Erst viel später, während der Gefangenschaft, lernte ich einen Arzt kennen, Dr. Vormann, bei dem machte ich Autogenes Training nach J.H. Schultz[12], das war neu.

Das Training hat meine Stotterei verbessert. Gestottert habe ich aber bis in die 60er Jahre. Meine ersten Studenten lernten mich noch als Stotterer kennen.

---

10 Wilhelm Strienz (1900-1987) – wichtiger Aktivist der NS-Durchhaltepropaganda, er konnte nach 1945 seine Karriere fortsetzen und galt als volkstümlicher Sänger...
11 Kurt von Tippelskirch (1891-1957) – war bereits im Ersten Weltkrieg dabei; im Zweiten Weltkrieg im Range eines Generals, er veröffentlichte 1951 die erste Gesamtdarstellung des Zweiten Weltkrieges
12 Autogenes Training nach J.H. Schultz, eine Tiefenentspannungstechnik, die zu höherer Stresstoleranz und einer Verbesserung der allgemeinen Lebensqualität führen kann

Aus dem Ersten Weltkrieg kamen ja tausende mit psychischen Schäden zurück. Hatte man da noch nichts dazu gelernt?
Offensichtlich nicht. Nummer 33 – Nerven- und Geisteskrankheiten – war eine seltene Krankheit.

> Wenn man anfängt, nicht mehr an den Sieg zu glauben, dann wird der Kampf zur Verzweiflungstat.

Gab es auch eine direkte Begegnung mit dem Feind, bei der es nicht zum Kampf kam?
Gab es, ja. An irgendeinem Rückzugstag musste ich in einem unübersehbaren Waldgebiet auskundschaften, wo der Feind ist. Auf einmal stand in einer zugewachsenen Schneise ein russischer Offizier direkt vor mir.

Wir griffen beide automatisch zu unseren Maschinenpistolen und verharrten. Wenn man sich unvermittelt gegenseitig in die Augen schaut, kann man – jedenfalls konnten wir – nicht schießen. Er winkte ab und verschwand in die eine, ich in die andere Richtung.

Und wie, wenn nicht Mann gegen Mann, wurde dann gekämpft?
Wir hielten auf dem Rückzug 1944 noch den Embach, einen Fluss am Dreiländereck zwischen Estland, Lettland und Russland. In den hatten die Russen dicht unter Wasser Laufstege gebaut. Wir hörten nachts, dass da was vor sich ging, aber wir wussten nicht was. Die haben zum ersten Mal die so genannte „Pampali-Taktik" angewandt. Der Angriff ging so: Unsere Front wurde eine dreiviertel Stunde mit Artilleriefeuer beharkt, dabei ließen sie Schussschneisen offen. Nebel, Qualm – danach kam erst der eigentliche Angriff.

Mit Beginn des Trommelfeuers rannten sie bereits mühelos durch die Schneisen übers Wasser, weil die Laufstege schon angelegt waren, und wir lagen noch da und warteten darauf, dass der Angriff auf breiter Front losging. Währenddessen waren sie bis zum Regimentsgefechtsstand durchgelaufen. Wir waren total überrascht, als die Russen dann von hinten kamen... Die sind übers Wasser gelaufen wie Jesus von Nazareth.

In welchen Fällen hast du gerade noch mal Glück gehabt und überlebt?
Bei einem Angriff wurde es dunkel vor meinem Bunker, ein Rotarmist stand mit seiner Maschinenpistole vor mir. Dem war ein langes Trommelfeuer vorausgegangen. Ich kam mit erhobenen Armen raus und habe ihn blitzschnell umgestoßen.

Als er anfing, hinter mir her zu schießen, war ich schon zu Zweidritteln durch ein abgeerntetes Getreidefeld gewetzt. Er wirbelte mit seiner Ballerei nur Staub auf, mich hat er nicht getroffen.

Sag mal, der Endsieg. Hast du daran geglaubt?
Jain. Die Propaganda erzählte uns von den Geheimwaffen V1, V2, V3 und V4[13] – mit denen sei alles kein Problem mehr. Grundsätzlich ist es so: Wenn man anfängt, nicht mehr an den Sieg zu glauben, dann wird der Kampf zur Verzweiflungstat. Klar war uns allerdings auch, dass der Krieg nicht mehr von der Infanterie entschieden wird, von den „Stoppelhopsern".

Was dachtet ihr, wie der Krieg entschieden wird?
Mit der Luftwaffe, durch U-Boote, mit den V-Waffen. Auch wir wussten mittlerweile um die Dimension dieses Krieges, und die war weit größer, als dass er durch den Infanteriekrieg entschieden wird.

Ihr wusstet also, auf euch kommt es nicht wirklich an. Ihr seid Kanonenfutter? War das nicht deprimierend?
Die Kompaniestärke lag in Friedenszeiten bei 160 Soldaten, jetzt waren wir maximal noch 60 bis 70. Die Stammnummer meiner Kompanie, die Auflistung der Soldaten seit dem Polenfeldzug war mittlerweile bei etwa dreieinhalbtausend angekommen... das heißt, durch meine Kompanie sind bis dahin dreieinhalbtausend Soldaten gegangen – verwundet, gefallen, versetzt.

In dieser Zeit bekam ich meine Nahkampfspange[14]. Ab dem 30. Nahkampf gab es die in Silber. Sie wurde seltener verliehen als das Ritterkreuz. 33 Nahkampftage hatte ich im Soldbuch eingetragen. In Wirklichkeit waren es aber einige mehr.

---

13 Geheimwaffen V1-4, mit den Vergeltungswaffen V1 bis 4 wollte Hitler den Endsieg erringen, beteiligt an der Entwicklung des nie zum Einsatz gekommenen „Wunders" war Wernher von Braun, der später der NASA gute Dienste leistete

14 Die Nahkampfspange wurde ab 1942 Soldaten verliehen, die „sich vielfach im Nahkampf – Mann gegen Mann – mit der Waffe in der Hand ihrer Aufgabe entsprechend bewährt haben."

Gab es dafür auch mehr Sold?
Nein, die Spange war nur als Auszeichnung von Bedeutung. Ich bekam als Offizier einen monatlichen Sold von 120 Mark. Aber Geld konnte ich ja gar nicht ausgeben. Es wurde zuhause ausbezahlt. Davon hätte immerhin eine Familie leben können. Aber Geld interessierte mich am wenigsten.

Da kam ja was zusammen in den Jahren. Was hast du mit dem Geld gemacht nach dem Krieg?
Ich hatte nichts davon, weil ich bis 1950 in Gefangenschaft war. Meine Brüder konnten es brauchen, sie waren zuhause. Die konnten sich das nach dem Krieg holen, weil ja niemand wusste, wo ich abgeblieben war, ob ich noch lebte. Jedenfalls, als ich nach Hause kam, war nichts mehr da.

Ich bekam als Offizier einen monatlichen Sold von 120 Mark. Aber Geld konnte ich ja gar nicht ausgeben. Es wurde zuhause ausbezahlt. Davon hätte immerhin eine Familie leben können.

СОЮЗ ОБЩЕСТВ КРАСНОГО КРЕСТА и КРАСНОГО ПОЛУМЕСЯЦА
СССР

Почтовая карточка военнопленного
Carte postale du prisonnier de guerre

Кому (Destinataire): Herrn Heinrich Weidemann
Куда (Adresse): Deutschland (24) Lübeck
(страна, город, улица, № дома, округ, село, деревня)
Helmholtzstrasse 10 II

Отправитель (Expediteur)
Фамилия и имя военнопленного
Nom du prisonnier de guerre: Kurt Weidemann

Почтовый адрес военнопленного
Adresse du prisonnier de guerre: U.S.S.R. Moskau
Rotes Kreuz Postfach 350

текст письма военнопленного
lettre du prisonnier de guerre

Lieber Vater! den 10.8.1945.

Nach längerer Zeit bekommst Du wieder ein Lebenszeichen von mir. Ich befinde mich in einem Gefangenenlager. Die Behandlung ist gut und ich fühle mich gesundheitlich wohl. Ich wünsche sehr, dass Du gesund bist und auch von beiden Brüdern eine gute Nachricht hast. — Wir dürfen einmal im Monat schreiben.

Viele liebe Grüße auch an Verwandte u. Bekannte. Dein Kurt

Postkarten des Roten Kreuzes durften keine negativen Aussagen enthalten, sonst wurden sie nicht abgeschickt.

Ich lebe noch

Vom „Sonderurlaub für Tapferkeit vor dem Feinde" zurückgekehrt, erlebt Kurt Weidemann die letzten Kriegstage und die Kapitulation an der Ostfront. Es beginnt das dunkelste Kapitel in seinem Leben: russische Kriegsgefangenschaft und Zwangsarbeit in einem Steinbruch an der Wolga. Ein minutiös geplanter Fluchtversuch kann nicht stattfinden, lebensbedrohliche Krankheiten und der allgegenwärtige Tod begleiten ihn durch einen fast fünf Jahre währenden Überlebenskampf.

Fronturlaub – hast du dich nicht manchmal danach gesehnt, nach Hause zu kommen?
Ich brauchte keinen Urlaub. Damals nicht und heute immer noch nicht. Im Februar 1945 habe ich noch 21 Tage Sonderurlaub bekommen. Der Grund: Tapferkeit vor dem Feind. Ich hatte ja eigentlich nie regulären Urlaub gehabt. In der Heimat war ich nur nach den Verwundungen. In viereinhalb Jahren hatten sich 63 Tage Urlaub angesammelt: Genesungsurlaub nach Lazarettaufenthalt. Den Sonderurlaub musste ich nehmen. Aber, auf Umwegen nach Lübeck gekommen, habe ich mich gefragt: Was soll ich hier?

Ich habe meinen Geschichtslehrer besucht. Er saß mit der Decke um die Knie und hörte den Soldatensender Calais – einen Feindsender... Von Vater und Brüdern hatte ich keine Nachricht. Bereits nach drei Tagen ging ich zum Hafen und suchte nach einem Schiff, das den Bestimmungshafen Libau im Brückenkopf Kurland hatte. Ich wollte zurück, die Kompanie war mein Zuhause.

Auf einem Verpflegungsschiff konnte ich anheuern. Der Kapitän hieß Arthur Seidenkranz, war aber kein Jude, obwohl der Name danach klang. Er schaute mich an und sagte: „Wie ich sehe: hoch dekoriert. Sie scheinen ja ein Glückspilz zu sein – ich nehme Sie als Talisman mit. Sie schlafen in meiner Kabine!" Er war ein Kapitän wie aus dem Bilderbuch: wasserblaue Augen und weiße lange Augenbrauen. Mit seinem Chief, dem Ersten

Ingenieur, hatte er noch eine echte Seglerausbildung genossen – mit Äquatortaufe und Kielholen. Die sieben Tage auf See waren sehr unterhaltsam. Beide haben von Amerika erzählt. Das war spannend. Es wimmelte in der Ostsee von U-Booten. Das Transportschiff „Wilhelm Gustloff"[1] ist in diesen Tagen versenkt worden. Auf der Fahrt hatten wir insgesamt sieben Mal U-Boot-Alarm.

In viereinhalb Jahren hatten sich 63 Tage Urlaub angesammelt: Genesungsurlaub nach Lazarettaufenthalt. Den Sonderurlaub musste ich nehmen. Aber, auf Umwegen nach Lübeck gekommen, habe ich mich gefragt: Was soll ich hier?

Du wolltest nach Libau. Seid ihr unter diesen Umständen überhaupt angekommen?
Ja. Aber als wir dort ankamen, sagte der Kapitän: „Der Krieg dauert nicht mehr lange. Wir löschen die Ladung und du bleibst an Bord! Wir werden im bottnischen Meerbusen rumschippern, bis das alles vorbei ist."

Ich bat ihn: „Arthur, nun lass mich doch wenigstens mal nachsehen, ob mein Haufen noch da ist." Bin runter vom Schiff und habe gesucht. In letzter Zeit waren immer mehr Truppen aus dem Brückenkopf Kurland zur Verteidigung nach Berlin abgezogen worden. Als ich die Holzschindel mit dem Hinweis sah: „IR 6, 6/2/26" habe ich gewusst, das ist meine Heimat. Ich ging dann noch mal an Bord, wir haben noch mal kräftig einen „verlötet", dann hab ich mich von den beiden verabschiedet. Von Kapitän Seidenkranz und seinem Offizier habe ich trotz Nachfragen nie mehr was gehört. In meinem Regiment haben wir uns dann auf die sechste Kurlandschlacht vorbereitet, die am 9. Mai 1945 losgehen sollte...

...da hatte Deutschland doch schon kapituliert?
Wir hatten bereits erfahren, der Führer sei „im Kampf um Berlin gefallen". Aber das war uns ziemlich egal. Der Regimentskommandeur kam auf meinen Gefechtsstand und sagte: „Kürtchen, morgen jagen sie uns in die Ostsee!" Die war acht Kilometer entfernt. Ich hab geantwortet: „Herr Oberstleutnant, ich bin wasserscheu." Da hat er

---

[1] Die Wilhelm Gustloff war ein Passagierschiff der NSDAP-Organisation „Kraft durch Freude" (KdF), es wurde am 30. Januar 1945 durch ein sowjetisches U-Boot versenkt, der Untergang der Gustloff forderte mehrere tausend Opfer und gilt als eine der größten Katastrophen der Seefahrtsgeschichte

mich in den Arm genommen. Ich wäre mit Sicherheit gefallen, denn mein Kompaniegefechtsstand lag im Graben einer Rollbahn, die schnurgerade nach Osten ging. Am Tag nach der Kapitulation zählte man auf der Rollbahn 104 Panzer hintereinander. Davon hätte ich vielleicht noch zwei, drei mit der Panzerfaust erledigen können. Dann wäre ich dran gewesen.

Aber am 7. Mai nachts kam die Nachricht, der Oberbefehlshaber der Heeresgruppe Kurland General Rendulic hat dem russischen Marschall Goworow die Kapitulation angeboten. Am 8. Mai um 14 Uhr sollte das Feuer eingestellt werden. Wir waren wie vom Donner gerührt. Am 8. Mai gab es morgens noch Störfeuer und kleine Plänkeleien. Um 14 Uhr trat eine geradezu ohrenbetäubende Stille ein.

Wenn du zurückschaust, wer war für dich ein Held, ein Vorbild in diesem Krieg?
Mein letzter Bataillonskommandeur Hauptmann Stein war ein Held! Die „Kompanie Stein" war an der Nordfront eine von ihm speziell ausgebildete Einheit. Stein war ein kleiner Typ, kein Bilderbuchoffizier. Er hatte einen ganz leichten Buckel, das war für einen Offizier sehr ungewöhnlich, denn Offiziere waren mindestens 1,75 Meter groß und gertenschlank. Der Krieg war für ihn die einzige Möglichkeit zu zeigen, wer er ist und was er kann. Er war eine ganz ungewöhnliche Erscheinung. Und er hat nie seine Orden getragen, obwohl er Ritterkreuzträger war und die goldene Nahkampfspange für 50 eingetragene Nahkampftage bekam. Seine charismatische Ausstrahlung brauchte das nicht.

Am 8. Mai gab es morgens noch Störfeuer und kleine Plänkeleien. Um 14 Uhr trat eine geradezu ohrenbetäubende Stille ein.

Hat „dein Held" überlebt?
Während meines letzten Urlaubs ist er gefallen. Er ist ein Jahr zuvor bei einem russischen Angriff verwundet liegen geblieben. Dabei haben ihm die Russen einen Genickschuss verpasst, der nicht richtig saß. Beim Gegenangriff am nächsten Tag wurde er gefunden. Stein überlebte. Er wollte nicht ins Lazarett, sondern hat sich beim Tross auskurieren lassen. Durch den Genickschuss

war sein Schlafzentrum gestört. Stein hat nachts keine zwei Stunden mehr geschlafen, dafür brauchte er jeden Tag ein Pfund Butter.

...die meisten hofften, dass es bald vorbei ist und alle heil nach Hause kommen. Manche haben auch auf den „Heimatschuss" gewartet, einen Schuss, der überleben lässt, aber kampfunfähig macht.

So saß er nachts am Klappenschrank und machte Telefondienst. Die Anrufer hat er zusammengeschissen, wenn sie nicht das richtige Kennwort nannten. Auch das Vertrauen in seine eigenen Soldaten war verloren gegangen. Für sich und seinen Schäferhund ließ er seinen Bunker bauen. Normalerweise sind der Kommandeur mit den Adjutanten und dem Ordonanzoffizier in einem Bunker zusammen. Stein bekam einen Einzelbunker mit Hund. Schließlich hat er den Heldentod gesucht: Er ist mit seinem Hund oben auf der Grabenkante auf Kontrollgang gewesen. Dort hat er auf den Fangschuss gewartet. Er wusste, der Krieg ist verloren und er will das Ende nicht mitmachen.

Du betonst selbst immer wieder, auch du wolltest den Heldentod sterben. Woher kam dieser Todestrieb?
Es war kein Todestrieb, es war „ehrenhaft und dekorativ": „dulce et decoram est, pro patriam mori" hatten wir im Unterricht gelernt. Ich wollte fürs Vaterland fallen. „Die Ehre des Vaterlandes war durch den Versailler Vertrag geschändet." Und die „asiatischen Horden drängen herein und vergewaltigen deine blonden blauäugigen Schwestern".

Die Einstellung: „lieber fallen als kapitulieren" war bei euch allen so?
Keineswegs, die meisten hofften, dass es bald vorbei ist und alle heil nach Hause kommen. Manche haben auch auf den „Heimatschuss" gewartet, einen Schuss, der überleben lässt, aber kampfunfähig macht.

Was geschah am 8. Mai 1945?
Am 8. Mai um 14 Uhr kam zunächst ein schlanker, sommersprossiger russischer Oberleutnant in meinen Gefechtsstand. Ein ganz sympathischer Typ, dem hab ich dann mein Radio gegeben. Anschlie-

ßend kam ein russischer Oberst, der wollte unbedingt einen deutschen Reitsattel. Weil er deutsch verstand, sagte ich: „Herr Oberst, Ihnen kann geholfen werden!" und ließ ihm den Sattel holen.

Hattet ihr irgendeine Ahnung, was auf euch zu kommt?
Überhaupt nicht, nach den Genfer Konventionen[2] hätten wir nach Hause geschickt werden müssen. Der Krieg war vorbei. Nach einem Krieg werden die Soldaten nach Hause geschickt – dachten wir. Wir hatten keine Ahnung von Gefangenschaft.

Sowohl im Westen als auch im Osten existierten schon Gefangenenlager – ihr wusstet davon nichts?
Wir wussten, dass es sie gab, aber das war kein Thema. Am Tag der Kapitulation klagten unsere Soldaten vielmehr, die Rotarmisten nähmen ihnen alles weg, auch kleine Habseligkeiten. „Uhri" war jetzt das Wichtigste. Am liebsten wollten die Russen deutsche Uhren haben. Ich versuchte, dem russischen Oberleutnant zu erklären, dass seine Soldaten uns nicht filzen und uns alles wegnehmen sollten.

Er ging mit mir hinaus und bat mich, Decken zu besorgen und diese an den Schützengräben ausbreiten zu lassen. Er brüllte seine Rotarmisten zusammen. Sie mussten sich in einer Reihe aufstellen. Seine Naganpistole hat er ihnen vor die Nase gehalten, hochgerissen und abgedrückt, hochgerissen und abgedrückt. Die Russen ließen alles fallen, deutsche Zahnpasta, Feuerzeuge, Taschenlampen, Kämme, ihre eigenen Holzlöffel – alles fiel auf die Decken. Dann grinste er und fragte mich: „Gut so?"

Das war ja freundlich, aber auf den Heimweg habt ihr euch nicht gemacht?
Nein! Wir warteten und warteten. Schließlich kam ein Melder und teilte mit: Die Offiziere des Regiments seien beim russischen General zu einem „Festbankett" eingeladen, ins Schloss Dinsdurbe. Dort war der russische Divisionsgefechtsstand. Abends sind wir, also 15 deutsche Offiziere unseres Regiments, hinübergegangen. Das russische Offizierkorps empfing uns an zwei langen Tischen. Darauf standen in einer Reihe abwechselnd je ein Dutzend Wodkaflaschen und Dosen mit Fleisch von

2 Genfer Konventionen – zwischenstaatliche Abkommen zum humanitären Völkerrecht im Kriegsfall, sie werden seit 1864 stetig weiter entwickelt, darin wird auch der Schutz von Kriegsgefangenen geregelt

Oscar Mayer, Chicago USA[3]. Man muss sich das vorstellen: Die Rote Armee bot uns amerikanisches Dosenfleisch an!

Wurden die Russen von den Amerikanern versorgt?
Permanent über Murmansk. Wir wussten das, denn irgendwann beschlagnahmten wir mal einen russischen LKW, der war voll mit leckerem Dosenfleisch von Oscar Mayer. Für uns ein Festmahl.

Im Schloss habt ihr also gemeinsam auf die Kapitulation angestoßen?
Der russische General war wie aus dem Bilderbuch: zweieinhalb Zentner, mit Frühstücksbrettern von Schulterklappen und ausrasiertem Nacken. Er hatte auch überhaupt keine Ahnung über Frontverlauf, Waffeneinsatz, Truppenstärke. Sein Generalstabsoffizier war ein nervöser, Kette rauchender Oberstleutnant, der erstaunlich gut über uns informiert war. Dafür hatte der General zwei bildschöne Frauen bei sich, Endzwanzigerinnen in hübschen Sommerkleidern – wunderschön anzusehen. Ich dachte: So kann man auch Krieg führen!

Irgendwann bat der General unseren Kommandeur Reichel darum, einen Toast auf die Rote Armee auszubringen. Er erhob sich und nach kurzem Nachdenken sagte er: „Ich trinke auf das Wohl aller, die in diesem Krieg anständig gekämpft haben." Das schloss niemanden aus. Der General ließ sich das zweimal übersetzen, dabei entstand eine unglaubliche Spannung – minutenlang. Schließlich sagte der General „Nastrovje" und trank. Unser Kommandeur ließ durch seinen Adjutanten Zigaretten

3 Das amerikanische Lebensmittelunternehmen wurde 1883 vom deutschen Einwanderer Oscar Ferdinand Mayer gegründet, er machte „die deutsche Wurst" in den USA bekannt

Kriegsende, Kapitulation und Gefangenschaft

reichen. Daraufhin entwickelten sich zwischen den deutschen und russischen Offizieren ganz nette Gespräche in mehr oder weniger schlechtem Englisch. Reichel ließ schließlich auch eine der jungen Damen, die vorzüglich deutsch sprach, eine Zigarette anbieten. „Biete dem Mädchen mal eine unserer Zigaretten an." Sie wehrte sich lautstark gegen das Wort „Mädchen": „Entschuldigen Sie, ich bin Hauptmann!" Das war dem Sommerkleid nicht anzusehen.

Später wollten wir, stark betrunken, zu unseren Soldaten zurück, doch es hieß: Nein! Im Keller sei für uns ein Lager eingerichtet. Im Stillen rechneten wir damit, dass einer seine Kalaschnikow auspackt und uns im Schlaf abknallt. So verabschiedeten wir uns voneinander mit dem Gefühl, den nächsten Tag nicht mehr zu erleben.

Aber am nächsten Tag seid ihr aus eurem Rausch aufgewacht und wart zu eurer Überraschung noch am Leben?
Genau. Wir durften zu unseren Truppen zurück. Dann marschierten wir in Richtung Süd-Westen, Richtung Ostpreußen. Nach Hause, dachten wir, bis es zu einem längeren Aufenthalt kam. Dabei wurden wir von der Roten Armee der NKDW übergeben, dem berüchtigten Ministerium für Innere Angelegenheiten der Sowjetunion. Am zweiten Abend nach der Kapitulation, am 10. Mai 1945, es war ein herrlicher Tag, haben sie uns in einem Talkessel geführt. Etwa 10.000 bis 12.000 Soldaten... In diesem Talkessel haben wir gelegen und gesungen. Oben, gegen den mondhellen Nachthimmel, konnten wir lediglich etwa zehn russische Soldaten

erkennen, die uns bewachten. Wir befürchteten ja nichts Schlimmes. Wir haben die ganze Nacht gesungen und gesungen: „Im Feldquartier auf hartem Stein, streck ich die müden Glieder, und sende in die Nacht hinein, der liebsten meine Lieder." Es sollte für lange Zeit vorher und die nächsten Jahre mein schönster Tag gewesen sein.

Was passierte dann?
Drei Tage später wurde alles anders. Wir kamen in ein Barackenlager bei Riga, wir Offiziere, etwa 2.500, wurden von den Soldaten getrennt. Was anschließend mit den Truppen passierte, wussten wir nicht. Es hieß, in genau diesem Lager hätten die Nazis die Juden zusammengetrieben und dann weggeschafft. Es lag direkt an der Mündung der Memel. Unsere Arbeit bestand darin, geflößtes Holz zu bergen und an Land zu ziehen. Hier entwickelte ich zusammen mit zwei Freunden ziemlich schnell den Plan nach Schweden abzuhauen.

Wieso Schweden?
Die Schweden lieferten keine Kriegsgefangenen nach Russland aus.

Wie sah euer Fluchtplan aus?
Wir dachten, wenn wir Kontakt zu den deutschenfreundlichen litauischen Soldaten bekommen können, die immer noch in den Wäldern versteckt waren, verschaffen sie uns die Möglichkeit, mit Hilfe einer Fischereikolchose über die Ostsee nach Bornholm zu gelangen. Unser Problem waren jedoch die Wachhunde, die unsere Spur aufnehmen konnten. Das Lager war schwer gesichert, zuerst mit einem Stacheldrahtzaun, dann mit dem Laufbereich für die Hunde, einem weiteren Stacheldrahtzaun und nachts war alles um die Zäune hell erleuchtet.

Wir wollten deswegen durch ein trockenes Bachbett, das aus dem Lager führte. Da konnten die Scheinwerfer nicht reinleuchten. Aber natürlich hatten die Russen Stacheldrahtrollen ins trockene Flussbett gelegt. Auf jeden Fall wollten wir an dieser Stelle ausbrechen, dann die 200 Meter bis an die Memel. In die Holzkähne dort wollten wir uns einfach reinlegen und uns ans weit entfernte andere Ufer treiben lassen. Da nimmt kein Hund mehr Spuren auf. Die Russen hätten nicht gewusst, ob wir über Land abgehauen sind oder nicht. Wir hatten auch gehört, dass ein Ausreißer wieder ins Lager zurückgekommen war. Er war bis Stettin gekommen. In Stettin hatte er seine Braut, die aber mittlerweile ein Verhältnis mit einem russischen Offizier unterhielt. Der nahm ihn fest und entschied: „Du kommst zurück ins Lager, aus dem du ausgerissen bist!" Das war ein halbes Todesurteil, Strafzug mit bis zu 20 Stunden Dienst.

Am zweiten Abend nach der Kapitulation, am 10. Mai 1945, es war ein herrlicher Tag, haben sie uns in einem Talkessel geführt. Wir haben gesungen und gesungen.

Ihr musstet also besser sein?
Allerdings. Wir brauchten für die Ostseefischer etwas Wertvolles, am besten eine Wehrmachtsuhr, die war nach wie vor begehrt. In unserer Baracke lag auch Major Forstmann, Hermann Görings Forstbesitzverwalter. Der hatte noch seine Dienstuhr, die brauchten wir. Mein Regimentskamerad arbeitete in einer Bäckerei. Unser Plan war, die Uhr in ein halbes Brot einzubacken. Die Uhr war der Preis für die Überfahrt nach Bornholm. Dann brauchten wir eine Drahtschere, damit wir durch den Stacheldraht im Bachbett kommen. Und schließlich erhandelten wir uns einen Marschkompass.

Das Gelände, auf dem unsere Baracke stand, war ein Park, und bei uns war Dr. Ernsting, ein Ornithologe von der Vogelwarte Rossitten. Es ist schon sehr komisch, was für skurrile Figuren einem im Krieg begegnet sind... Jedenfalls machte Dr. Ernsting in den frühen Morgenstunden vogelkundliche Führungen im Park. Eine Gruppe von zehn bis fünfzehn Leuten lief mit ihm, und wir waren dabei. Im Park stand eine alte Hütte, in die wir uns absetzten. In dieser Hütte nähten wir aus alten, normalen Kommissdecken Anzüge. Die waren zwar grob, aber es ging. Man hätte uns nicht sofort als Kriegsgefangene erkannt. Die Marschzahlen für den Kompass haben wir auswendig gelernt, denn wir planten, nicht zusammen sondern getrennt zu marschieren. Wir haben uns gegenseitig die Marschzahlen abgefragt. Wir wollten bis zu einem bestimmten Punkt zwischen Dünaburg und Riga kommen, wo sich diese Fischereikolchose befand. Das wussten wir durch die Gespräche in der Bäckerei.

Die Flucht sollte vier Tage dauern. Um unsere Verpflegung machten wir uns trotzdem keine Sorgen. Wir wussten ja: Die Litauer sind auf unserer Seite und die Bauern werden uns bereitwillig versorgen. Drei Wochen haben wir das vorbereitet. Abgesprochen haben wir uns ausschließlich bei den Vogelführungen. Auf den Pritschen konnten wir ja nicht reden. Jeder konnte ein Spitzel des russischen Geheimdienstes sein. Wir hatten uns genau ausgerechnet, wann es losgeht. Es musste Mitte Juli 1945 sein, da gab es Neumond. Es war also relativ dunkel. Wir wollten durch den ausgetrockneten Bach kriechen, mit der Drahtschere den Stacheldraht aufschneiden und dann raus, ins Boot, um die Spur zu verwischen, rüber ans andere Memelufer und über die Marschkompasszahlen hin zur Fischereikolchose. Und wir waren sicher: Wenn wir bei den Schweden sind, werden wir nicht mehr an die Russen ausgeliefert.

Aber zwei Tage vor Neumond hieß es plötzlich: „Raustreten!" Das war nicht ungewöhnlich. Doch dann lautete der Befehl: „Abmarsch!" Wir marschierten zu einem Güterbahnhof in Riga, und jeweils 80 Offiziere wurden in einen Waggon verladen. Dann waren wir zehn Tage unterwegs. Das war's.

Wohin haben sie euch gebracht?
Wir wurden bis an die untere Wolga gebracht. Dort war noch nie ein deutscher Soldat. Während der Fahrt hatte ich Lokomotivwasser getrunken und Paratyphus bekommen. Noch im Zug. Ich hatte hohes Fieber, die Scheiße lief mir liegend oben zum Kragen raus. Ich war nur noch ein saftbrauner, stinkender Haufen Elend. Sechs Tage lag ich flach. Ich war fix und fertig und dachte: „Jetzt kratz ich ab!" Aber mein Willen wollte nicht! Verrecken – den Gefallen wollte ich den Russen nicht tun.

Wie ging es den anderen?
Zum Teil ähnlich – aber mir ging's schon besonders mies. So schlapp war ich noch nie im Leben. Irgendwann ist es zum Glück wieder besser geworden.

Du wolltest also nicht sterben.
Ich wollte nicht! Heldentod ja. Verrecken nein! Nix ist so schwer kaputtzukriegen, wie ein Mensch.

Und wie bist du wieder zu Kräften gekommen?
Mit normaler Lagerverpflegung: dreimal 200 Gramm nasses Brot am Tag und eine warme Suppe in mausgrau. Damit kann sich trotzdem der Körper erholen. Aber so richtig bin ich nicht mehr zu Kräften gekommen. Später, im Lager bekam ich noch eine schwere Sepsis, eine innere Vergiftung. Diagnostiziert wurde sie von Doktor Becker aus Bonn. Irgendwoher bekam er nach Wochen ein antiseptisches Pulver. Das Zeug hat er aufgekocht und mir mit einer Kanüle, dick wie ein Bleistift, in den Oberschenkel gepumpt. Das hat mir wohl geholfen. Einmal kam er zu mir und setzte sich zu mir auf die Pritschenkante: „Wir haben heute den 1. Advent, dass Sie noch leben, ist gegen jede Regel der Ärztekunst. Aber wir erleben hier in der Dystrophie, in der Abmagerung, dass Krankheiten einen völlig anderen Verlauf nehmen als üblich." Das mit der Kanüle habe er aus rein experimentellen Gründen gemacht, weil er mich längst aufgegeben hatte.

Ich war fix und fertig und dachte: „Jetzt kratz ich ab!"
Aber mein Willen wollte nicht!

Du warst dann also wieder gesund und einsatzfähig...
...vor allem arbeitsfähig. Aus dem steilen Ufer der Wolga habe ich in den folgenden fast vier Jahren jeden Tag 3,5 Kubikmeter Steine gebrochen. Das war die Norm, die wir zu erfüllen hatten. Ob in acht Stunden oder zehn, zwölf oder vierzehn war egal. Ich war meist nach zehn bis zwölf Stunden fertig. Vorher kamen wir gar nicht ins Lager zurück. Wir mussten aus den herausgebrochenen Steinen eine Art Sarg bauen. Exakt wurde das nachgemessen. Ein Meter mal 3,5 Meter mal ein Meter – 365 Tage im Jahr! So sah die „russische Norm" aus. Wer noch schwächer war, musste eine andere Arbeitsnorm erfüllen. Wir waren in Arbeitsgruppen eingeteilt, die alle drei Monate neu bestimmt wurden. Dazu mussten wir uns mit runter gelassener Hose rücklings vor die russische Ärztin hinstellen. Wenn der Körper abbaut, dann beginnt das bekanntlich zwischen den Arschbacken. Wird der Backenspalt zwischen den Gesäßwirbeln größer, bekommt der Körper nicht genug Nahrung. Daran konnte man genau erkennen, wer keine Kraft mehr und wer noch genug hat. Der Backenspalt war das Kriterium für die Kategorisierung in Arbeitsgruppe 1, 2 oder 3.

Hattet ihr eigentlich eine Ahnung von der Existenz der Gulags[4]?
Nein. Einmal mussten wir im Steinbruch die Arbeit einstellen und uns etwa 800 Meter weit von der Bahnlinie entfernen. Es hieß, Stalin fahre in seinen Sommerurlaub nach Sotschi am Schwarzen Meer. Die Russen erzählten uns, was er dort machte: Er lud die Helden der Sowjetunion zu Tanzfesten ein, bediente selbst das Grammophon und klatschte in die Hände. Wir mussten weg von der Bahnlinie, weil er uns nicht sehen durfte oder wir ihn nicht. Zweimal im Jahr war das Fall.

Marschieren, schuften, essen, schlafen – war das der Tagesablauf?
Die das noch konnten, die schliefen. Aber viele konnten nicht mehr schlafen, sie sind gestorben. Viele haben sich deswegen aus Machorka[5] Tee gemacht, der das Herz stark angreift. Sie hofften darauf, mit einem kranken Herzen nach Hause zu kommen – lieber ein kaputtes Herz als 20 Jahre warten.

Wir hatten gesehen, wie ein besonders unfreundlicher Geräteausgeber von einem rückwärts rollenden LKW überfahren wurde, weil die Bremsen nicht mehr funktionierten. Die Russen erzählten uns, das sei ein deutscher Kriegsgefangener aus Mecklenburg gewesen. Während der Schlacht bei Tannenberg[6] 1915 sei er in russische Gefangenschaft geraten. Wir rechneten nach: Er war schon länger als 30 Jahre da, da sind für uns auch locker 20 Jahre drin. Es blieben ja auch einige freiwillig, Dr. Tasche zum Beispiel, ein Modearzt aus Berlin, Freund von Hans Albers[7] und Zarah Leander[8], blieb in Russland. Er hat später eine Klinik in Taschkent übernommen – wurde uns zumindest berichtet. Er wollte nicht mehr in die zerrütteten Verhältnisse von Berlin zurück.

Ab 1948 gab es auch eine Lagerkapelle mit drei Instrumenten. Die Russen wollten eben ein bisschen unterhalten werden, besonders die Offiziere mit ihren Familien. Ansonsten war es ja unendlich öde. Es gab kein Kino, nur Radios auf den Lagerstraßen für Nachrichten. Ganz selten wurden Lagerabende veranstaltet, an denen die Kapelle spielte. Die Musik begann immer mit dem Foxtrott: „Skoro budet domoi." „Bald kommt ihr

---

4 Gulag – sowjetische Straf- und Umerziehungslager, in denen von 1918 bis 1991 etwa 39 Millionen Menschen starben
5 Machorka – russischer Stengeltabak, der von den deutschen Soldaten auch Stalinhäcksel genannt wurde, weil Holz und Laub beigemischt war
6 Schlacht bei Tannenberg: Schlacht zwischen der russischen und deutschen Armee während des Ersten Weltkriegs in Ostpreußen 1915
7 Hans Albers (1891-1960), Schauspieler, zu seinen größten Erfolgen gehörte „Der blaue Engel", „Münchhausen" und „Große Freiheit Nr. 7"
8 Zarah Leander (1907-1981), schwedische Sängerin und Schauspielerin, sie war der höchstbezahlte Filmstar des Dritten Reiches

nach Hause." Eine Ironie des ungewissen Schicksals. Die Mitglieder der Kapelle waren gut dran, genau wie die Schuster und Schneider. Die Handwerker saßen in den Baracken und mussten Schuhe machen und aus Decken Anzüge schneidern.

Gab es keine Versuche, euch „umzuerziehen"?
Selbstverständlich! Die Umerziehungsaktivisten sollten uns zunächst zu „Deutschnationalen" machen, weil den Russen klar war: So schnell werden aus uns keine Kommunisten. Erstmal sollten wir unsere „Hitlergläubigkeit" ablegen.

Wir haben dadurch viel über die Konzentrationslager erfahren – viele von uns, ich auch – wussten von der Existenz der Vernichtungslager überhaupt nichts. Die Umerziehung wurde von den Deutschen organisiert, die für die Russen arbeiteten.

Dafür bekamen sie eine doppelte Portion bei der Essensausgabe. Unser letzter Lagerkommandant, ein deutscher Leutnant und Gymnasiallehrer, schikanierte uns ganz im Sinne der Russen: Um fünf Uhr trieb er uns raus an die Arbeit, puschte die Brigaden zu Leistungswettbewerben auf und sorgte dafür, dass die Kasernenhofordnung eingehalten wurde. Er setzte die russischen Normen um.

War er ein Kommunist?
Nein, der bestimmt nicht. Einen einzigen Altkommunisten hatte ich kennen gelernt, der war wirklich überzeugend. Das war ein KPD-Mann aus der Vornazizeit. Die Russen übertrugen ihm eine führende Position, er war ein Umerziehungsaktivist. Ich fand ihn sehr glaubwürdig im Gegensatz zu den anderen. Die anderen waren Deutsche, die sich für einen Schlag Suppe oder einen Küchenjob an die Russen rangeschmissen und Spitzeldienste geleistet hatten.

Es gab also deutsche Gefangene, die sich bei Russen anheischig gemacht haben?
Ja, das waren die Meistgehassten im ganzen Lager. Die hassten wir mehr als die Russen selbst. Die Spitzel, die Zuträger, wir wussten, dass es sie gab! Die haben für den eigenen kleinen Vorteil ihre Kameraden verraten. Zum Beispiel haben sie einen, der bei der SS war an die Russen verpfiffen.

Wie oft hast du in diesen Jahren an Flucht gedacht?
Von Prajawa Wolga aus sind es dreitausend Kilometer nach Hause! Nie mehr habe ich daran gedacht! Das Ausreißen selber war gar nicht so schwer, aber das Weiterkommen. Ausreißer wurden immer geschnappt, irgendwann, irgendwo. Und jedes Mal lagen sie mit Nahschuss, das sah man an den Schmauchspuren, eines morgens tot vor dem Lagertor. Wir marschierten auf dem Weg in den Steinbruch an ihnen vorbei.

Mehr war nicht nötig, um zu verstehen. Immer wieder sind Gefangene ausgerissen, weil sie durchdrehten. Der Sohn eines deutschen Generals sagte: „Wenn wieder der erste Schnee fällt, laufe ich in die Postenkette rein und lasse mich erschießen!" Genau das hat er auch gemacht...

Apropos Winter – bei Temperaturen von bis zu minus 40 Grad war doch an Arbeiten nicht zu denken?
Wir haben erbärmlich gefroren. Aber den Unterschied zwischen minus 25 und 40 Grad merkst du nicht mehr. Höchstens daran, dass man schneller Erfrierungen bekam. Nase, Finger und Füße sind die Schwachstellen. Die Ohren sind nicht so empfindlich. Einigen hat man einfach die erfrorenen Glieder abgenommen und das Fleisch zurückgeschnitten. Zuhause sollten sie sich dann nachamputieren lassen.

Erfrierungen riechen übrigens sehr unangenehm. Es war unendlich kalt, aber wie kalt, das wussten wir nicht. Wenn du einmal scheißen warst, wurdest du nie wieder warm. Ich hatte keine Erfrierungen, weil meine Füße immer relativ warm blieben. Im Winter haben wir schon deswegen so hart gearbeitet, um nicht auszukühlen. Nachts lagen die Leiber aneinander. So eng, wie wir lagen, immer in den Klamotten, reichte die Körperwärme aus, damit wir nicht im Schlaf erfroren.

Wusste deine Familie eigentlich, wo du abgeblieben warst?
Der Vater und die Brüder haben erst spät erfahren, dass ich überhaupt noch lebe. Ab diesem Zeitpunkt durften wir vierteljährlich Postkartenschreiben. Die gingen erst durch die Zensur. Es durfte nichts Unerwünschtes drin stehen. Das war die einzige Verbindung nach Hause. Freundliche und harmlose Worte wie: „Ich lebe noch."

> *Wir haben erbärmlich gefroren. Aber den Unterschied zwischen minus 25 und 40 Grad merkst du nicht mehr. Höchstens daran, dass man schneller Erfrierungen bekam. Nase, Finger und Füße sind die Schwachstellen.*

Wurdet ihr darüber hinaus über die Entwicklungen in Deutschland nach dem Krieg informiert?
In Riga wurde uns über die Nürnberger Prozess berichtet. Die älteren Offiziere taten das alles als Lüge, Quatsch und Propaganda ab. Das konnte und durfte nicht sein. Dumme Offiziere gab's genug. Wir hörten auch, Deutschland sei in eine Ost- und eine Westzone aufgeteilt worden. Darüber hinaus haben wir aber nichts erfahren.

So eintönig vergingen die Jahre?
Nicht ganz. Bei mir tat sich was, denn in unserem Gefangenenlager war auch der Stalingrad-Gefangene Wilhelm Hulquist aus Hamburg interniert. Der konnte ganz gut russisch und gehörte einem Vermessungstrupp an, weil er nivellieren konnte. Die Steine, die wir gebrochen hatten, wurden nämlich im Straßenbau verarbeitet. Von August bis Mai haben wir im Steinbruch gearbeitet - von Mai bis August im Straßenbau. Da mussten wir Bankett und Böschung bauen, Unterpflaster und Oberpflaster legen. Diese Arbeit wurde von Nivelliertrupps vorbereitet. Der Hamburger sagte mir eines Tages: „Den nächsten Winter machst du das im Steinbruch nicht mehr mit. Ich bilde dich zum Nivellierer aus. Und wenn die nächstes Frühjahr wieder nach Ingenieuren fragen, meldest du dich." Er brachte mir das Nivellierhandwerk bei. Es war gar nicht so schwierig.

Was bedeutet das?
Die Dreiergruppe hatte einfach den Vorteil, ohne Postenaufsicht arbeiten zu können. Drei Leuten schickte man keinen Bewachungssoldaten mit. Wir wurden als zuverlässig angesehen. Wir hatten

dabei folgende Arbeitsteilung: Einer nivellierte, der Zweite hielt die Latte und schlug die Pflöcke ein, der Dritte ging in die Dörfer „Klinken putzen", also betteln. Ich war der erwählte Klinkenputzer. Manchmal bin ich dafür bis zu 20 Kilometer weit gelaufen.

Was hast du in den Dörfern abgestaubt?
Da gab's entweder Machorka oder Tabak oder ich bekam irgendwelche Essensreste. Meistens eine Gurke, weil in den Bauernhäusern hinter der Tür immer das Gurkenfass stand. Seltener gab es gebackene Plini[9]. Das hab ich dann im Lager verteilt, wenn's wenig war, nur unter uns drei. Ich hab auch mal fünf Kilo Kartoffeln mitbekommen oder Trockenfisch.

Haben euch die Russen nicht gefilzt bei der abendlichen Rückkehr ins Lager?
Nein, die Nivelliertrupps nicht. Die Brigaden dagegen regelmäßig. Wir arbeiteten immer drei vier Kilometer vor den Brigaden, die stark bewacht waren. Zum Teil fuhren wir zwei Stationen mit dem Zug nach Sysran, die Kleinstadt in der Nähe des Lagers. Einmal kam ich an den Bahnhof, zwei Stationen vor Sysran. Auf dem Nebengleis stand der D-Zug Leningrad-Kasan. Aus dem kam ein Feldwebel raus und sprach mich an: „Otkuda?" – Wo kommst du her? „Nivellier." „Propusk jest?" – Hast du einen Ausweis? „Njet." In jedem D-Zug war hinter der Lokomotive ein Gefängniswagen mit vergitterten Fenstern. Er sagte: „Rein hier!" Ich befürchtete, dass ich von Kasan zurückgebracht werde und in den Strafzug komme. Das hätte mein sicheres Ende bedeutet. Ich habe gebrüllt. „Wachtior!" Er kam und fragte mich: „Warum brüllst du?" „Ich bin ein wichtiger Vorarbeiter im Straßenbaulager. Morgen bleibt die Arbeit von 400 Leuten liegen", klärte ich ihn auf. An diesem Tag konnte ich soviel Russisch wie vorher nicht und nachher auch nicht mehr. „Wenn ich nicht da bin, können die morgen nicht arbeiten, das müsst ihr verantworten!"

Und er hat dir geglaubt?
Ja. Dazu muss man wissen: Die Arbeitsverwaltung, der wir unterstanden, besaß zwei Großtraktoren, die sie noch im Krieg von den Amis bekommen hatten. Die haben sie über Jahre in Ölpapier verpackt mitgeschleppt, weil sie die

9 Plini – das russische Wort für Pfannkuchen

Kriegsende, Kapitulation und Gefangenschaft

> Lieber Papa! den 2. Febr. 46.
>
> Vielleicht ist dieses erst die erste Nachricht die Du von mir bekommst, sie soll Dir berichten, dass ich gesund bin und mich in einem Kriegsgefangenenlager befinde. – Meine Gedanken sind oft bei Dir und bei den Brüdern, von denen ich hoffe, dass sie auch gesund sind und Du von ihnen Nachricht hast. Ich bitte Dich, Dir keine Sorgen zu machen und Dich, wie wir uns, in Geduld zu fassen, einmal komme ich wieder nach Hause!
>
> Bleib gesund, und sei, wie auch alle Verwandten und Bekannten, viele, viele Male herzlichst gegrüsst von Deinem

Post an den Vater aus dem Gefangenenlager

nicht in Gang bringen konnten. Wir hatten Panzerfahrer von der Leibstandarte Adolf Hitler, SS-Offiziere. Die ließen sich die Gebrauchsanleitung geben und in Nullkommanix haben sie die Traktoren arbeitsfähig gemacht. Von da an wurden sie als Gefangene gehätschelt – nix SS. Ich hab einfach so getan, als ob ich auch so einer wäre, der da den ganzen Laden am Laufen hält. „Wenn ihr wollt, dass wir vier Wochen lang keine Norm erfüllen, bitte sehr..." Er ging weg und kam mit einem Offizier zurück. Der Wachtior fragte mich wieder: „Was machst du?" Ich wiederholte alles. Der Offizier sprach dann das schönste Wort aus, das ich je gehört hatte: „Pusgai!" Das heißt: „Lass ihn!" Dann ließ er mich gehen. Wäre der Zug schon losgefahren gewesen, ich hätte keine Chance mehr gehabt. Ich stieg aus, ging ein paar Schritte. „Stoi!", rief er wieder hinter mir her. „Nasad!" – Zurück! Ich dachte, jetzt geht alles wieder von vorne los. Dann fragte er mich nach dem Namen der Hauptstraße von Sysran. „Uliza Uljanova", antwortete ich – der Name von Frau Lenin. Jetzt wusste er, dass ich nicht aus einer anderen Gegend kommen konnte. Zum Abschied warf er mir die Sonnenblume zu, die ich mir ins Hemd gesteckt hatte, als ich vorher durch ein Sonnenblumenfeld marschiert war.

Und dann?
Schnell zurück! Meine Kollegen warteten schon. Wir durften ja nicht zu spät ins Lager kommen.

Kamen auch neue Gefangene ins Lager?
Klar, im ersten Winter wurden wir in ein Waldlager gebracht. Mit 800 Mann rein, mit 200 Mann im Frühjahr wieder raus. Viele sind verhungert, die anderen am Fleckfieber verreckt.

Morgens, wenn einer mit roten Flecken um den Bauch aufwachte, wusste er: „Jetzt lebst du höchstens noch zwei bis drei Monate." Fleckfieber ist eine Darmkrankheit, die durch Läuse übertragen wird. Und Läuse hatten wir alle. Von den 800 Mann ist fast die Hälfte daran gestorben...

Wurdet ihr nicht regelmäßig entlaust?
Nicht jeden Tag, immer nur, wenn es unerträglich wurde. Ich hatte alle Ungeziefer dieser Erde: Flöhe, Läuse, Wanzen. Wanzen sind die schlimmsten. Die nehmen Blut und dann juckt es. Man kratzt sich und wird blutig, es entzündet sich... In Riga, wo es viele Wanzen gab, nahmen wir die gesamte Baracke auseinander, wir brannten Nagelloch für Nagelloch mit heißen Nägeln durch und kratzten jedes Brett ab, um die Eier zu vernichten. Wanzen können einige Monate ohne Verpflegung leben, das ist ein widerliches Getier. Getötet verbreiten sie einen süßlichen Geruch.

Wie habt ihr die vielen Toten eigentlich beerdigt?
Die haben wir verbuddelt. Mit einem Strick um ein Viererpack haben wir sie auf einen Berg am Lager gezogen, dann mit der Kreuzhacke ein Loch geschlagen. Im Winter war der Boden bis 65 Zentimeter tief gefroren. Das dauerte Stunden, um überhaupt ein Loch rein zu bekommen. Weil ich der Schmächtigste war, musste ich dann ins Loch und mit der Hand den weichen Sand rausschmeißen. Passte mal ein Toter nicht so richtig durch den engen Frostteil, mussten wir Arm oder Bein abtreten. Gefrorene Leichen springen wie Glas – mit einem Tritt ist das Bein weg. Nachts kamen dann die Wölfe und buddelten die Leichenteile wieder aus. Die Wölfe standen gegen den Abendhimmel und heulten. Ein wahnsinniges Konzert, ein irres Bild. Wir hatten eine Tiefkühltruhe für die Wölfe gegraben.

Wusstet ihr, dass sich zu jener Zeit Politiker wie Adenauer bemühten, euch nach Hause zu holen?
Nach der Gefangenschaft erfuhr ich das. Aber Adenauer war nicht der Initiator. Bulganin[10] hatte schon viel früher angeboten, den Rest abholen zu lassen. Sie konnten nichts mehr mit uns kranken und siechen ehemaligen Soldaten anfangen. Adenauer war aufgefordert, sie abzuholen.

Ich hatte alle Ungeziefer dieser Erde: Flöhe, Läuse, Wanzen. Wanzen sind die schlimmsten. Die nehmen Blut und dann juckt es. Man kratzt sich und wird blutig, es entzündet sich...

Und wann ging es nach Hause?
Ab 1948 begannen die ersten Transporte in die Heimat. Das waren Gefangene, die nicht mehr arbeitsfähig waren. Aber die Kriterien, wer, warum und wann nach Hause konnte, hat niemand durchschaut. Das war für alle Beteiligten eine unerträgliche Situation.

Habt ihr denn Fantasien entwickelt, wie es sein wird, wenn ihr zurückkommt?
Viele hatten Hungerfantasien und haben auf Zementsackpapier Rezepte geschrieben. Mich hat das nicht interessiert. In der Krankenbaracke standen zwei, die am meisten miteinander über Rezepte stritten, oft am Ofen, der war zwar nicht warm, aber allein die Tatsache, dass es ein Ofen war, reichte. Sie stritten sich um „Himmel und Erde", „Birnen und Bohnen", also um ähnliche Gerichte.

Die haben sich über Kartoffeln und Blutwurst gestritten?
Das Rezept weiß ich nicht, aber sie gifteten sich mit geschwollenen Stirnadern an. Bis der Sanitäter kam und brüllte: „Ihr Arschgeigen, hört doch auf und legt euch hin!" Später kam die Abendzählung durch den Wachhabenden, bei der wir uns aufrichten mussten. Von den beiden Streithähnen richtete sich nur einer auf. Der andere war tot. Wir behaupteten, der schläft. Dann zählten sie ihn mit. Damit gab es für uns eine Tagesportion mehr...

10 Nicolai Bulganin (1895-1975), war von 1947 bis 1958 stellvertretender Ministerpräsident der UdSSR

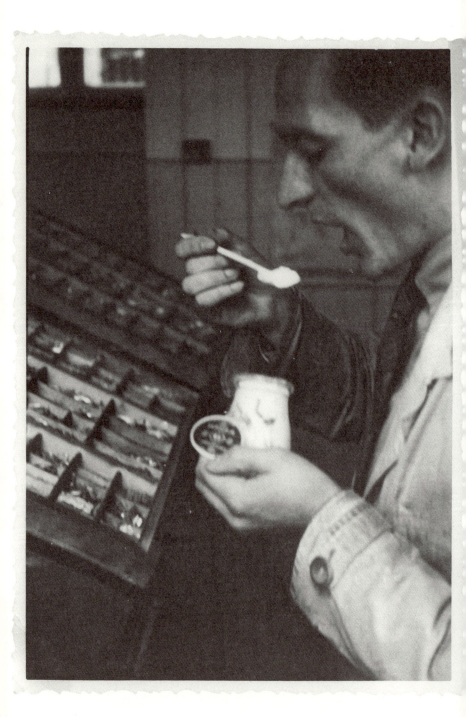

Pause am Setzkasten, während der Schriftsetzerlehre

„Nazischwein und Judensau"

Am 4. Dezember 1949 kehrt Kurt Weidemann in den Westen von Deutschland zurück. Er wiegt noch 41,5 Kilo und beginnt in Lübeck sein neues Leben. Eine Schriftsetzerlehre absolviert er mit Bravour, spannt dem Schauspieler Horst Frank die Freundin aus und geht gerne mit seinem Onkel Max auf die Jagd, beschließt jedoch, nie wieder ein Gewehr oder eine Pistole in die Hand zu nehmen, um lebende Wesen zu töten.
Schließlich verlässt er die Hansestadt, um an der Kunstakademie in Stuttgart sein Studium aufzunehmen, wird 1957 in Jerusalem mit dem Internationalen Buchkunstpreis ausgezeichnet und schließt Freundschaft mit Ari Spiegel, einem ehemaligen Partisanenkämpfer aus Prag.

Eines schönen Tages haben sie dich endlich nach Hause geschickt, wie kam es dazu?
Das Lagerradio teilte mit, es werden Entlassungen vorgenommen. Nach welchen Gesichtspunkten war aber wie immer nicht klar, außer bei denen, die nicht mehr arbeitsfähig waren. Diesmal war ich dabei. Ich habe 41,5 Kilogramm gewogen. In Viehwaggons wurden wir in fünf Tagen nach Friedland gebracht. Dort durften wir ein Telegramm an unsere Familien aufgeben. Dann wurden die Formalitäten erledigt und 40 Mark Heimkehrergeld ausgezahlt. Das war die Existenzgrundlage, mit der wir ohne weitere Vorbereitungen in die Gesellschaft entlassen wurden.

Hast du deine ehemaligen Kameraden nach der Gefangenschaft noch getroffen?
Ja, es gab Mitte der fünfziger Jahre mal ein großes Lagertreffen in Montabaur. Von dort aus haben sich vier Mann aufgemacht und unserem nicht anwesenden, deutschen Lagerkommandanten, der uns schikaniert hatte, einen Überraschungsbesuch abgestattet. Er bezog während dieses Besuches die Prügel, die wir vorher von

ihm bezogen hatten. Es gab einen Mitgefangenen, der Holzeinkäufer im Schwarzwald wurde. Von einem anderen weiß ich, dass er Russischlehrer in Tübingen geworden ist. Ansonsten hat danach jeder sein Leben aufgebaut, viele sind frühzeitig gestorben.

Wohin bist du nach der Ankunft in Friedland gegangen?
Ich bin zurück nach Lübeck. Als Soldat der deutschen Wehrmacht bin ich 1940 in Lübeck eingezogen worden. Als entlassener Kriegsgefangener kam ich zehn Jahre später aus Russland zurück. Vater und Bruder Heinz haben mich abgeholt. Sie haben am Bahnhof hinter der Sperre gewartet. Mein Bruder erkannte mich, der Vater machte aber eine abweisende Handbewegung. Nein, das kann er nicht sein. Er hat mich nicht erkannt. Kurze stumme Umarmung: Jetzt bist du da, dann können wir ja gehen. Für die Größe eines solchen Ereignisses nach fast einem Jahrzehnt gab es keine Gefühle mehr.

Wie hast du dich gefühlt, als du nach Hause kamst?
Ich war erfüllt von einem stillen unfassbaren Glück. Ich war frei und ich war im Westen, in der britisch besetzten Zone. Hier wurde Frieden gelebt. Im Radio lief amerikanische Musik. Die Menschen halfen einander.

Und deine Brüder – wo waren die?
Mein älterer Bruder hat nach seinen schweren Verwundungen Forstwirtschaft studiert und ging später nach Schweden. Mein jüngerer Bruder war bei unserem Onkel Max in Giekau bei Lütjenburg, er wollte auch Förster werden. Eine Zeit lang wollten wir alle drei Förster werden, Weidemann gleich Waidmann, das war ja auch die Berufsbezeichnung der Jäger.

Wie war das Verhältnis zu deinem Vater in dieser Zeit?
Das war nie besonders emotional, aber er wurde von uns drei Söhnen sehr verehrt, obwohl er beruflich nie erfolgreich war, nachdem er den Bauernhof nicht bekommen hatte.

Der ausgehungerte, von Gefangenschaft gezeichnete Kurt wieder zuhause – wie muss man sich das vorstellen?
Zwei Tage nach meiner Rückkehr war ich bei meinem engsten Klassenkameraden, dem die Gefangenschaft erspart geblieben

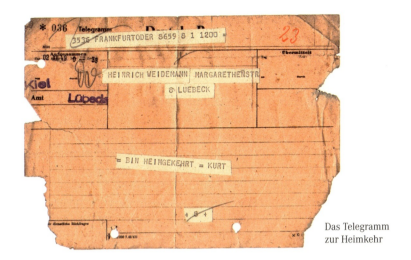

Das Telegramm zur Heimkehr

war, zum Gänsebraten eingeladen. Davon bin ich noch Tage danach krank gewesen. Gänsebraten! Und das, nachdem man jahrelang dreimal am Tag nur zweihundert Gramm Brot bekam. Aber seine Eltern hatten es gut gemeint: Kurt kommt – da gibt es ein Festessen, am besten Gänsebraten...

Ging das mit der Völlerei so weiter?
Zum Glück nicht. Zunächst war ich bei meinem Onkel Max, das war der Förster, bei dem mein Bruder Heinz lebte. Da bin ich rührend gepäppelt worden. Mein Onkel hat sich nur gewundert, dass ich zwar fast täglich mit auf die Jagd ging, aber nie mehr schießen wollte. Dabei hätte ich Damwild und Rehe, Fuchs und Hase – ich hätte alles freigegebene Wild schießen können.

Ich war ja ein sehr guter Schütze. Nur auf dem Volksfest haben wir – meine Brüder und ich – in den Schießbuden die kompletten Reihen Nippes in Tonröhren von links nach rechts abgeschossen. Aber auf Wild schießen, ging nicht. Noch mal auf irgendein Lebewesen, das konnte ich nicht mehr. Bis heute nicht.

Du hast doch immer gern und gut geschossen.
Geschossen habe ich genug. Aber es ist doch ein gewaltiger Unterschied, ob ich auf Tiere schieße oder ob mir jemand nach dem Leben trachtet, nachdem ich ihn überfallen habe. Im Krieg ging es nur

darum: Wer zuerst schießt, lebt am längsten. Tiere in deutschen Wäldern trachten einem aber nicht nach dem Leben.

Deine Brüder, dein Vater und du – habt ihr miteinander über den Krieg und deine Gefangenschaft gesprochen?
Nein, es wurde nur über den ganz banalen Alltag gesprochen. Wir drei Jungs haben schon manchmal darüber geredet. Es gibt ein Foto – wir drei in Timmendorf am Strand – es war das erste Mal, dass wir wieder zusammen waren. Wir haben über unsere Zukunft und nur ein bisschen über den Krieg geredet.

Wurde das später bei euch noch mal thematisiert?
Nur selten. Es gab überhaupt kein Bedürfnis, über das Erlebte zu sprechen. Der Alltag musste bewältigt werden. Für mich war es wichtiger, zu einem Dutzend von Druckereien in der Hansestadt zu gehen, um eine Lehrstelle zu finden. Niemand wollte mich haben! Alle sagten, das sei nichts für mich, zu alt dafür.

Du hast dich nicht zum Militär zurückgesehnt?
Nicht im Geringsten. Als unter Adenauer relativ schnell wieder die Remilitarisierung begann, sind einige Offiziere aus meiner Division wieder in der Bundeswehr aufgetaucht. Mich wollten sie auch reaktivieren und boten mir an, mich als Major zu übernehmen. Ich wollte nicht mehr – nicht für tausend Schnäpse.

Es gab ja viele, die zurückkamen und im zivilen Leben Probleme hatten?
Ich wollte auch vorher nie Berufsoffizier werden, obwohl ich mit den Auszeichnungen, die ich hatte, in der Bundeswehr eine gute Figur hätte machen können.

Verständlich, denn eigentlich wolltest du ja Landwirt werden?
Der Traum war ausgeträumt. Ganz früher, als Kind, wollte ich sogar Pastor werden. Ich weiß nicht warum. Aber es stimmt, dann wollte ich Landwirt werden, deshalb studierte ich nach meiner zweiten Verwundung während des Krieges ein Semester Landwirtschaft. Und dann sagte ich mir: Im Zeichnen hatte ich immer eine Eins, vielleicht werde ich Grafiker. Der Wunsch hatte sich schon während der Gefangenschaft verstärkt.

Woher kam dieser Sinneswandel?
Es war nahe liegend, weil ich wusste: Ich kann das. Berufe wie Arzt oder Anwalt interessierten mich überhaupt nicht. Außer Landwirtschaft und Grafik hatte ich keinerlei Interessen. Dann habe ich Arbeiten von mir zum Berufsverband nach Hamburg geschickt. Die Antwort war deutlich: „Lernen Sie erst mal einen der handwerklichen Berufe, die zum Grafiker hinführen."

War das in deinen Augen eine niedere Arbeit?
Alle Druckereien sagten, das sei keine Arbeit für mich, ich sei immerhin Offizier gewesen. Obwohl Schriftsetzer und Bergleute damals die beiden höchstbezahlten Handwerksberufe waren. Eines Tages kam ich in „Leopold Heises Kunst- und Gemüsedruckerei", wie wir später sagten, in der Lübecker Fleischhauerstraße. Da sitzt einer im grauen Kittel und sagt: „Herr Oberleutnant, was wollen sie denn hier?" Das war Karl Lock, er war Zugführer bei mir in der Kompanie und vorher in der Hitlerjugend mein Jungbannführer, als ich Fähnleinführer war. Erst war er mein Chef, dann war ich sein Chef, und nun wurde er wieder mein Chef: Er verschaffte mir die Lehrstelle als Schriftsetzer in diesem Acht-Mann-Betrieb. Das war Ende 1950. Karl Lock war nicht mehr Zugführer bei mir, sondern ich Lehrling bei ihm, und dafür bin ich ihm bis heute dankbar. In diesem kleinen Laden gab es nicht einmal eine Linotype[1]. Für den Maschinensatz musste ich mit einem kleinen Blockwagen Schrift aus einer größeren Druckerei holen. Leute, die mich kannten und so in der Stadt sahen, wechselten die Straßenseite und guckten in die Schaufenster, nur damit sie mir nicht guten Tag sagen mussten.

Weil du so ein kleines Nichts warst?
Weil ich im grauen Kittel mit dem Blockwagen durch die Straßen zog. Der gleiche, dem sie wenige Jahre zuvor aus Respekt auswichen, weil er als hochdekorierter, verwundeter Offizier durch die Stadt ging. Das Kontrastprogramm war für mich lehrreich.

Wie ging es dir dabei, derart ignoriert zu werden?
Das war ein Aha-Erlebnis. Ein solches Erlebnis gab es auch, als die netten Ausgebildeten, alle etwa zehn Jahre jünger als ich, die mich jetzt ausbildeten und mit denen ich mich gut verstand,

1 Linotype – Ottmar Mergenthaler entwickelte 1886 in New York eine Setzmaschine, die den Handsatz zunehmend ersetzte

sagten: „Du musst in die Gewerkschaft IG Druck und Papier eintreten!" Ich war grad in den freien Westen gekommen und wollte nicht ständig der sein, zu dem man sagt: Du musst! Das hab ich denen auch gesagt. Nach Feierabend haben sie oben rechts leicht gegen das Setzschiff gehauen, dabei sind 3.000 bis 5.000 Buchstaben – die Arbeit eines ganzen Tages – in sich zusammen gefallen. Am nächsten Tag musste ich den Buchstabensalat wieder in die Setzkästen ablegen und alles noch einmal setzen.

Damit wollten sie mich unter Druck setzen und zum Eintritt in die Gewerkschaft zwingen. Mein Chef Leopold Heise ließ mich wissen, mein Arbeitszettel sehe nicht sehr erfreulich aus. Da stand immer nur „ablegen" drauf. Daraufhin bin ich in die Gewerkschaft eingetreten.

Die Ausbildung hast du aber nicht abgebrochen?
Im Gegenteil, ich habe die beste Gehilfenprüfung meines Jahrgangs abgelegt! Und das, obwohl ich nicht rechnen kann. Der Dreisatz ist gar nichts für mich. Aber als Schriftsetzer muss man das können. Leopold Heise war mit in der Prüfung. Ich habe einfach von seinen Lippen abgelesen. Das ging so: Wir bekommen ein Bild, 17 Zentimeter breit, 13 Zentimeter hoch. Das soll aber nur 13 Zentimeter breit sein, wie hoch ist es dann? Das ist Dreisatz. Der Prüfer stellte schließlich fest: „Fachrechnen kann der Weidemann also auch." Weil ich andauernd Handsatz gemacht hatte, war ich der Schnellhase mit 1.400 Buchstaben in der Stunde, das ist sehr viel. Heute kann man in anderthalb Stunden den Text der Bibel mit 4,5 Millionen Zeichen zum Druck erfassen.

Kurt Weidemann mit seinen zehn Jahre jüngeren Ausbildern

Und so wurde aus dem Oberleutnant ein Setzergehilfe?
Ich durfte bereits nach zweieinhalb Jahren zur Prüfung, nicht erst nach drei, weil ich schon fast 30 Jahre alt war. Die Druckereien, die mich vorher alle abgelehnt hatten, wollten mich plötzlich gerne als Gehilfen einstellen. Meine Antwort: „Es ist noch nicht

solange her, dass ich bei euch angeklingelt habe, aber ihr habt mich nach Hause geschickt – alle." Bei der Freisprechung habe ich – nicht mehr ganz nüchtern – mein Gewerkschaftsbuch in Stücke gerissen. Daraufhin sagte der Lübecker Gewerkschaftsboss Herr Hund: „Kollege, das wird dich noch schwer zu stehen kommen!" Ich durfte zum ersten Mal auch „Kollege" zu ihm sagen und antwortete: „Kollege, ich hab jetzt genug gelernt, ich bin auf euch nicht mehr angewiesen!"

Ich durfte bereits nach zweieinhalb Jahren zur Prüfung, nicht erst nach drei, weil ich schon fast 30 Jahre alt war. Die Druckereien, die mich vorher alle abgelehnt hatten, wollten mich plötzlich gerne als Gehilfen einstellen.

Während der Lehre hast du sicher nicht nur gearbeitet?
Naja, ich hatte auch mal eine Freundin. Meta. Sie war die Tochter des Bäckeroberinnungsmeisters Fritz Harries. Seine Bäckerei war gegenüber vom Katharineum, dem Jungengymnasium. Fritze mochte mich ganz gerne, fragte immer: „Wann heiratest du denn die Meta?" Ich antwortete: „Ich bin im dritten Lehrjahr und ich verdiene 47 Mark." Er antwortete: „Ick hab doch ne Bäckerei." Ich sollte mir also über Geld keine Sorgen machen. Geheiratet hat sie später den Fahrer des stellvertretenden Intendanten vom Norddeutschen Rundfunk. Ich habe sie übrigens dem Schauspieler Horst Frank[2] ausgespannt. Immerhin, der wurde später mal eine Art deutscher James Dean.

Interessierte Meta sich überhaupt für dich?
Sie wollte mich nicht unbedingt und absolut haben, aber sie mochte mich sehr gerne – immerhin hatte sie Horst Frank sausen lassen. Ihr Vater, der Fritze war ein Original. Von einem Malermeister hat er den Anstrich seines Haus kalkulieren lassen. Das sollte 12.000 Mark kosten.

Er zog also seinen schwarzen Anzug an, fuhr nach Travemünde in die Spielbank und spielte, bis er die 12.000 Mark zusammen hatte. Kam zurück und fuhr nie wieder hin. Sein Hauptgeschäft war der Verkauf von „Hanseaten" für 5 Pfennige. Kekse mit Zuckerguss. Linke Hälfte rot, rechte weiß, das waren die Stadtfarben von Lübeck. Hauptkunden: die Schüler von gegenüber.

2 Horst Frank (1929-1999), deutscher Schauspieler und Synchronsprecher mit markanter Stimme

Meta war also eine harmlose Episode – wie lange?
Bis ich nach der Lehre nach Stuttgart ging. Mein jüngerer Bruder studierte dort an der Technischen Hochschule Architektur. Die Abteilung war im Gebäude der Kunstakademie. „Hier sind auch so Leute, die mit Bleisoldaten rumspielen, so was wie du gelernt hast", sagte er mir, „soll ich da mal fragen, ob du zu uns kommen kannst?" Klar. Da ist er zu Walter Brudi[3] gegangen: „Ich habe einen Bruder, der ist Schriftsetzer, kann der sich hier bewerben?" „Der kann sofort kommen", antwortete Brudi. Warum das so einfach ging, hab ich sehr schnell gemerkt: Ich hab vier Semester überwiegend seine Aufträge gesetzt: Buchumschläge für den Rainer Wunderlich Verlag in Tübingen.

Von irgendwas musstest du aber auch leben. Hat Walter Brudi dich wenigstens anständig bezahlt?
Gar nicht. Ich bin morgens um fünf Uhr raus und habe in einer Druckerei in der Hohenheimer Straße als Schriftsetzer gearbeitet, für 2,10 Mark die Stunde. Das war der Höchstsatz. „Wenn Sie irgendwem sagen, was sie hier verdienen, fliegen sie sofort raus!", drohte der Chef. Es gab nämlich eine Absprache zwischen den Druckereien, dass für Schriftsetzer zwei Mark die absolute Schallgrenze war. In drei Stunden hatte ich 6,30 verdient, und damit war ich an der Akademie ein Krösus.

Du hast also den großen Max gegeben?
Es gab an der ganzen Akademie einen klapprigen Porsche, der gehörte Professor Otto Baum, dem Bildhauer, und Otto Herbert Hajek[4] besaß einen Opel. Dann gab es noch zwei Lambrettas, italienische Motorroller, einer davon gehörte mir...

Und natürlich hast du dir auch eine angemessene Bleibe gesucht?
Ich wohnte für 18 Mark im Monat – inklusive Bettwäsche – bei Frau Grasmehr in der Böhmisreute. Frau Grasmehr war eine liebenswerte Frau, aber die Dachbude war winzig: acht Quadratmeter. Vorher wohnte ich eine kurze Zeit mit meinem bereits verheirateten jüngeren Bruder zusammen. Er war nach dem Krieg Schwarzhändler und hat sich damit gut durch-

---

3 Walter Brudi (1907-1987), Maler und Buchgrafiker, Brudi war Professor für Buchgrafik und Typografie an der Staatlichen Akademie der Bildenden Künste in Stuttgart sowie zwischen 1959 und 1969 deren Rektor

4 Otto Herbert Hajek (1927-2005), tschechischer Maler und Bildhauer in Stuttgart

geschlagen. Als Student verkaufte er Bausparverträge und verdiente damit erstaunlich gut. Das machte er auch noch, als er schon als Architekt arbeitete. Leider ist er vor 20 Jahren gestorben. Er war in unserer Familie der Vernünftigste und der Erfolgreichste. Mein älterer Bruder lebt mit seiner schwedischen Frau in Stockholm. Dort hat er ein „n" im Namen verloren: Er heißt jetzt Weideman. Er ist ein 150-prozentiger Schwede geworden.

Ich bin morgens um fünf Uhr raus und habe in einer Druckerei in der Hohenheimer Straße als Schriftsetzer gearbeitet, für 2,10 Mark die Stunde. Das war der Höchstsatz.

Dein schwedischer Bruder lebt also noch – habt ihr Kontakt miteinander?
Selbstverständlich telefonieren wir immer wieder miteinander. Ich war auch zweimal in Stockholm. Er ist etwas über ein Jahr älter als ich. In Eberswalde hat er einmal mittags am helllichten Tag auf den Marktplatz geschissen, weil er mit seinen Kameraden gewettet hatte...

Wie bitte?
Die Offiziere trugen Pelerinen, so lange Regenumhänge. Er ging auf den Marktplatz, zündete sich eine Zigarette an, verschüttete absichtlich seine Streichhölzer – es sollte aussehen wie ein Versehen – bückte sich, um sie einzeln aufzulesen. Als er wegging, lag der Haufen da. Die Wette war gewonnen.

Die Brüder haben Lübeck verlassen. Euer Vater blieb dort?
Er war dort zuhause. Einmal hörten wir, er sei krank und liege im Krankenhaus. Das gab es vorher nicht. Wir sind sofort alle nach Lübeck gefahren. Das dauerte einen kompletten Tag. Der Arzt sagte schließlich, es sei nicht so schlimm, ein paar Tage, dann könne er entlassen werden. Als wir aus dem Krankenhaus kamen, gingen wir schnurstracks in die gegenüber liegende, ehemalige Zollkneipe „Grönauer Baum". Leider war Schließtag. Horst redete auf den Wirt ein: „Machen Sie mal ihre Kneipe auf, holen Sie die Bedienung, wir wollen alle zusammen ein großes Fest feiern!" Das Fest ging schließlich bis morgens um vier Uhr. Wir hatten ja erfahren: Heinrich geht es gut. Trotzdem beschlossen wir in dieser

Nacht, Heinrich muss näher an uns ran. Wir haben ihn nach Leonberg in ein Altersheim geholt. Dort ist er im 87. Lebensjahr gestorben. Das Letzte, was er sagte, war: „Ick glöv, dat ward nu wohl nix mehr." „Ich glaub, das wird nun wohl nichts mehr." Heinrich hat mit uns viel plattdeutsch geredet, damit beim Telefonieren keiner mithören konnte. Vor Wahlen haben wir auch über Politik gesprochen. Ich fragte: „Heinrich, was wählst du?" Heinrich: „CDU!" Er war sauer auf Willy Brandt, weil der ihm in Lübeck mal auf der Straße beim Diskutieren das Parteiabzeichen abgedreht hatte.

Welches Parteiabzeichen?
Heinrich war in der NSDAP, ist aber 1934 schon wieder ausgetreten. Wegen des abgedrehten Parteiabzeichens hatte Heinrich was gegen das „rote Lübeck". Wir haben auf ihn eingeredet: „Das ist mittlerweile schon ein bisschen her, und der Frahm ist ein ganz guter Typ geworden. Jetzt musst du SPD wählen!" Wir haben mal versucht rauszukriegen, weshalb er auf CDU stand. Dabei kam nur raus, der Frahm durfte einfach nichts werden. Nach der Bundestagswahl sind wir abends hingefahren und haben gefragt, was er gewählt habe. Seine Antwort: „Ich hab meinen Wahlschein nicht gefunden." Immerhin hatte er kein nationales Unheil angerichtet.

Hast du dich eigentlich in den Jahren nach deiner Rückkehr aus der Gefangenschaft für Politik interessiert?
Zu der Zeit hatte ich das Gefühl, wir werden schwach und mehr schlecht als recht regiert. Mir fehlte überall Freiheitlichkeit. Wir müssten Parteien und Geld abschaffen, fand ich. Das waren in den 50er Jahren so meine naiven Vorstellungen.

War es in diesen Jahren wichtig, dich wieder in die Gesellschaft einzureihen – Beruf und Status zu erlangen?
Status war für mich kein Thema. Für mich war es nur wichtig, unabhängig vom kargen Geld des Vaters zu sein. Deshalb begann ich so schnell wie möglich mit der Lehre. Aufs Handwerk kann man immer zurückgreifen und mit dem Handwerkerlohn war ich erstmal zufrieden. Bald nach dem Kurzstudium habe ich für das Kaufhaus Breuninger gearbeitet. Beim Buch zum 75-jährigen Jubiläum des Kaufhauses durfte ich als Gestalter mitmachen.

Hast du dich nach dem Studium um eine feste Anstellung bemüht?
Ja, ich bin als Schriftleiter zum Druckspiegel[5] gegangen, das war und ist die führende Fachzeitschrift des grafischen Gewerbes. Ich habe die Redaktion, Produktion und typografische Beilagen gemacht. Das war ein Weiterbildungsprogramm für Gestaltung mit Schrift. Für mich war das eine wichtige Zeit, weil ich viele Schriftkünstler besuchen konnte – die ganzen Platzhirsche meines Berufes, um mit ihnen zu diskutieren und zu veröffentlichen, was sie dachten. Als Schriftleiter reise ich 1956 nach New York. Von dort brachte ich die New Yorker Typografie und Grafik nach Deutschland.

> *Zu der Zeit hatte ich das Gefühl, wir werden schwach und mehr schlecht, als recht regiert. Mir fehlte überall Freiheitlichkeit. Wir müssten Parteien und Geld abschaffen, fand ich. Das waren in den 50er Jahren so meine naiven Vorstellungen.*

Wie wichtig war die Entwicklung in New York zu dieser Zeit?
Führend in Europa war in der Nachkriegszeit die Schweiz, speziell die Basler Schule. Auch das, was hier Anton Stankowski[6] gemacht hatte, war wichtig. Sicher, dieser Trend war eine aufgewärmte Bauhaus-Leiche, komplett am Konstruktivismus orientiert. Ich war nicht funktional sondern inhaltlich orientiert.

Das musst du erklären?
Zum Beispiel: Adalbert Stifter[7] kann man nicht in Helvetica Kleinbuchstaben im Flattersatz setzen, das passt nicht zu ihm – selbst wenn es damals gerade die avantgardistische Form der Typografie war. Ich war kein Gegner formalistischer Denke, aber ein Gegner ihrer Einseitigkeit.

Mit deiner inhaltlichen Ausrichtung warst du aber allein?
Nicht ganz, und mit dem Druckspiegel verfügte ich über ein Medium, das meine Sicht der Dinge kommunizierte. Wir sind keine Künstler, sondern Dienstleister. Der Herausgeber Kurt Kohlhammer hat mir dabei völlig freie Hand gelassen. Nur so war es möglich, in Deutschland zum ersten Mal überhaupt die amerikanische Typografie zu veröffentlichen.

5 Der Druckspiegel – zählt seit den 50er Jahren zu den führenden Fachzeitschriften der Druck- und Kommunikationsindustrie
6 Anton Stankowski (1906-1998), Grafiker, Fotograf und Maler, Stankowski gilt als einer der Pioniere des Grafikdesign in Deutschland
7 Adalbert Stifter (1805-1865), österreichischer Schriftsteller, Maler und Pädagoge, Stifter gehört zu den bedeutendsten Schriftstellern des Biedermeier

Sein erster Flug... ...endet in den USA

Du durftest also im Druckspiegel machen, was du wolltest?
Ich durfte Beilagen machen, und damit war ich in vielen Jahresbänden intensiv vertreten. Ich vertrat Logik, nicht Ideologie.

Aber viel Erfahrung hattest du ja noch nicht?
Offenbar genug. Ich hatte zu diesem Zeitpunkt bereits zehn Berufsjahre auf dem Buckel. An den USA war ich sehr interessiert und 1956 zum ersten Mal dort. Das habe ich mir vom Honorar für das Breuninger-Jubiläumsbuch geleistet. Ich kann mich noch gut erinnern, als ich hier in Deutschland nach der russischen Gefangenschaft zum ersten Mal Amis gesehen hab. Vorher hatte ich auch noch nie Schwarze gesehen. Schwarze in Jeeps in einem Stau auf der Autobahn. Die haben ihren Glenn Miller aufgedreht und sind ums Auto getanzt, Offiziere und Mannschaften! Das war so anders als dieses stocksteife preußische Militär, das ich kannte. Da ist mir zum ersten Mal klar geworden, dass die den Krieg eher gewinnen konnten.

Welchen Status hattest du nach deinem Studium?
Ich war als Freiberufler am Markt leidlich erfolgreich. 1962 holte mich die Akademie als Lehrer zurück. Rektor Brudi wusste, dass ich Beziehungen nach Amerika pflegte. Ich sollte in New York für ihn eine Ausstellung ermöglichen. Das habe ich gemacht. Ich kannte dort viele emigrierte Juden und lernte auch seinen Vorgänger

kennen, Georg Salter, der in Berlin seinen Platz für Brudi, der angeblich Nazi war, räumen musste. Brudi soll bereits vor 1933 in die Partei eingetreten sein. Ich bin dann 1964 ohne jede Konkurrenz Professor geworden, ohne Berufungsverfahren, einfach „par Ordre de Mufti". Das beschämt mich heute.

War Brudis Vergangenheit in Stuttgart eigentlich bekannt, oder hast du das öffentlich gemacht?
Unter der Hand war bekannt, dass er ein alter Parteigenosse war. Ich bin keine Entnazifizierungsbehörde. Ich habe nur wesentlich anders ausgebildet als er.

Das wurde später allerdings immer mehr zum Problem. Ich bin mit den Studenten in Werbeagenturen gegangen, dahin, wo für „8x4"-Seife Teichrosenblätter mit rosa Sprayfarbe angesprüht wurden. Für Brudi war das keine grafische Arbeit. Er ließ seine Studenten plakatgroße, mehrfarbige Linolschnitte, illustrative Holzschnitte machen. Mit solchen Arbeiten waren wir monatelang still-gelegt. Agenturen galten als indiskutabel und peinlich. Zunehmend waren sie allerdings die künftigen Arbeitgeber unserer Abgänger.

Agenturen waren peinlich? Warum?
Ein Beispiel: Ich war mit den Studenten in einer Werbeagentur. Sie wollten wissen, wie in einer Agentur gearbeitet wird. Sie waren enttäuscht von der Ausbildung an der Akademie. Brudi wollte wissen, was ich mit seinen Studenten angestellt habe. Ich erklärte ihm: Die Agenturen übernehmen etliche Studenten, da müssen sie doch vorher wissen, wie dort gearbeitet wird. Die Diskrepanz zwischen Lehre und Praxis war riesengroß.

Ich unterrichtete „Information und grafische Praxis" – so hatte ich meinen Lehrstuhl benannt. Diese Form des Unterrichts gab es bis dahin nicht. Aber wie sollten die Studenten lernen, mit der grafischen Praxis umzugehen? Stuttgart hat immer gut ausgebildet, kein Zweifel. Aber eben nicht praxisorientiert. In den sechziger Jahren konnte ich dann auch mit meiner eigenen Arbeit richtig Fuß fassen. Erst habe ich den Erscheinungsbild-Wettbewerb für Coop gewonnen, dann ging es weiter mit dem Ullstein/Propyläen Verlag, später Siedler-Verlag, Erscheinungsbild Merck, Darmstadt, Büchergilde Gutenberg.

Zu Besuch bei Jean Miro für ein Buch über sein grafisches Werk

Für den Propyläen-Verlag hats du repräsentative Kunstbände gemacht. Was waren die interessantesten?
Nach einem raffiniert gedruckten Band Antoni Tapies meldete sich Juan Miro. Er bekam einen Farbband mit Aquarellen, Zeichnungen und Grafiken. Mit dem Autor Werner Schmalenbach war ich drei Tage in Miros Wohnhaus und Atelier in Spanien zu Gast.

Hast du in der Zeit Preise gewonnen?
Ja, 1957 habe ich den internationalen Kunstbuchpreis für ein Buch über Heinz Mack in Jerusalem bekommen. Mit dem Verleger Wolf Siedler[8] bin ich zur Preisverleihung gereist. Teddy Kolleck[9] hat mir morgens um sechs mit dem Jeep Jerusalem gezeigt. Unser Fahrer hieß Ari Spiegel, und der erzählte mir, er habe als Partisanenkämpfer in Prag aus dem Keller auf Leute mit schlanken Schaftstiefeln geschossen. Das konnten nur deutsche Offiziere gewesen sein, denn Landser trugen Knobelbecher. Nach einem fröhlichen Abend haben wir uns am nächsten Morgen so begrüßt: Er sagte „Nazischwein" zu mir, ich sagte „Judensau" zu ihm. Wir sind in den nächsten sieben Tagen dicke Freund geworden und haben noch jahrelang korrespondiert.

Wie haben die Leute auf eure gegenseitigen „Freundlichkeiten" reagiert?
Entweder sie haben es nicht verstanden oder sie haben gelacht, weil es offensichtlich war, wie gut wir uns verstanden.

8 Wolf Jobst Siedler, Publizist und Verleger. Er leitete den Ullstein Verlag und war bis 1979 Geschäftsführer für die Verlage Proyläen, Quadriga und Ullstein innerhalb der Ullstein GmbH
9 Teddy Kollek (1911-2007), er war von 1965 bis 1993 Bürgermeister von Jerusalem, bekannt als der „der Löwe von Jerusalem"

Hattest du während des Nationalsozialismus ideologische Probleme mit jüdischen Mitbürgern?
Ich kannte keine.

Anders, die Deutschen haben Juden vergast, haben unermessliches Unheil über die Welt gebracht, aber Ari Spiegel und du, ihr seid Freunde geworden und Teddy Kollek hat dir die Stadt gezeigt?
Ja, weil es eine persönliche Schuld von mir nicht

gab. Ich weiß, dass sie sich vorher genauestens über mich informiert haben.

Hast du ein Gefühl von Mitschuld?
Ich bin 1972 in die „Alliance Grafique Internationale"[10] gewählt worden. Ein Kollege, ein Engländer, war mit einer Holländerin verheiratet. Sie hat deutlich gesagt: „Der Weidemann kommt nicht zu uns ins Haus!" Das habe ich vollkommen akzeptiert.

Noch Mal: Schuldbewusstsein?
Ich weiß nicht, welche persönliche Schuld ich tragen soll? Ein nationales Schuldbewusstsein habe ich sehr stark. Das nehme ich auf mich, weil ich Deutscher bin. Aber eine persönliche Schuld gibt es nicht. Ich verstehe auch folgende Frage nicht: Wenn du zwei Dutzend Nahkampftage im Soldbuch bestätigt hast, warum kannst du dann noch ruhig schlafen? Weil auch mein Gegner ein Nahkämpfer war. Drehen wir den Film zurück: Von meinem 17. bis zum 27. Lebensjahr würde ich nie auch nur einen Meter rausschneiden. Das muss ich nicht.

Also zurück nach Israel: Hast du dich kein bisschen vor Begegnungen dort gefürchtet?
Nein, sonst hätte ich mich mit einem Ari Spiegel nicht anfreunden können. 1972 bin ich Präsident der „Icograda", dem International Council of Grafic Design Associations geworden, der Zusammenschluss aller wichtigen Grafikerverbände[11]. Meine Stellvertreter waren ein Israeli und ein Pole. Beide hätten mir gegenüber feindlich eingestellt sein können. Wir haben uns aber hervorragend verstanden, haben uns ausgetauscht und miteinander gearbeitet, sogar angefreundet.

Die subjektive Sicht kann das aushalten?
Ja, auch die Holländerin hat mich später doch akzeptiert. Sie lernte mich auf den Jahrestreffen besser kennen und hat ihre Vorbehalte mir gegenüber nie mehr geäußert. Ich durfte sie schließlich auch zu Hause besuchen.

10 Alliance Grafique Internationale, gegründet 1952. Ihr gehören etwa 350 gewählte Mitglieder aus 27 Ländern an, die sich für menschengerechte visuelle Kommunikation und innovative Gestaltung und Typografie engagieren

11 Icograda – gegründet 1963, Icograda ist der Weltdachverband für Grafikdesign und visuelle Kommunikation, dem Mitgliedsverbände aus 57 Ländern angehören, Kurt Weidemann war der erste deutsche Präsident des Verbandes

Bei der Arbeit in der Bleisetzerei der Kunstakademie...

Links von Ho Chi Minh

Das Gulasch bei Else Dimitrov sei eine Offenbarung gewesen, erzählt Kurt Weidemann, der mit Jassir Arafat Apfelschorle getrunken hat und mit der Entdeckung des Free Jazz ein weiteres Gefühl von Freiheit für sich entdeckte.
An der Kunst-Akademie treten die 68er Unruhen offen zu Tage, Kurt Weidemann positioniert sich, riskiert für drei Studenten Kopf und Karrierekragen und heiratet „Miss Hedelfingen".
Er hält die Bibel für ein spannendes Buch, findet die zehn Gebote notwendig und entwickelt seine erste Schrift: Die „Biblica".

Krieg und Gefangenschaft lagen nun schon einige Jahre hinter dir. Du hast Ausbildung und Studium abgeschlossen – Schrift und Sprache waren dein wesentlicher Lebensinhalt geworden. Konntest du auch wieder richtig sprechen?
Die Sprache, die ich nach der Verschüttung 1943 verloren hatte, ist über das schwere Stottern langsam wieder zurückgekommen. Es gibt genug Leute, die mich noch so kennen. Conny Winter[1] zum Beispiel oder Uwe Lohrer[2], die bei mir studiert haben, wissen das noch gut. Aber es wurde von Jahr zu Jahr besser. Ich habe immer weniger gestottert.

Viel Selbstdisziplin und Selbstherausforderung habe ich mir abverlangt und gedacht, am besten geht es, wenn ich Vorträge halte. Also habe ich angefangen, Vorträge zu halten. Als Schriftleiter beim Druckspiegel konnte ich richtig damit beginnen. Damals gab's in jeder Stadt eine Typografische Gesellschaft, also bin ich als Vortragender durch die Republik gereist.

Für deine Zuhörer war das sicher kein Vergnügen...
Doch schon, ich habe sehr langsam gesprochen und während der Vorträge so gut wie nie gestottert, weil ich mich zusammenreißen musste. In der Kneipe musste ich das ja nicht.

[1] Conny Winter (geb. 1941), ehemaliger Student von Kurt Weidemann, heute erfolgreicher Fotograf und Künstler
[2] Prof. Uwe Lohrer (geb. 1940), ebenfalls ehemaliger Student, Designer und Plakatkünstler

Welches Anliegen hattest du verfolgt?
Ich hab die Geschichte meines Berufes gelernt, der ja viel älter ist als viele andere Berufe. Ich wollte alles wissen, was mit Schrift zu tun hat – von Gutenberg bis heute. Deswegen bin ich auch mit meinem letzten Geld zu großen Schriftkünstlern gereist und so habe ich Hermann Zapf[3], Adrian Frutiger[4] und Georg Trump[5] kennen gelernt.

Der Verlust der Sprache brachte dich demnach zur Schrift?
Durch den Verlust der Sprache und den Umgang mit ihr war es folgerichtig, dass ich Schriftsetzer wurde. Da war ich Buchstabensammler. Ich musste die einzelnen Buchstaben zu Worten, Zeilen und Seiten aneinanderfügen. Ich wollte – auch für mich – Schrift und Sprache so gut und ausdrucksstark wie möglich zusammenbringen. Denn es geht bei der Schrift nahezu ausschließlich um Lesbarkeit. Ich möchte nicht, dass Schrift mich charakterisiert, also keine Individualität. Ich bin lediglich der Hersteller eines Transportmittels für das Lesen. Alles, was der guten Erkennbarkeit dient, ist richtig. Das war in der Lehre richtig und ist es heute immer noch.

Bis du eine eigene Schrift entworfen hast, sollte es aber noch einige Jahrzehnte dauern?
Allerdings. Aber Anfang der 80er Jahre war es dann soweit. Die Deutsche Bibelgesellschaft wollte zur Herausgabe der ersten textgleichen ökumenischen Bibel eine neue Schrift haben. Meine erste Schrift war die „Biblica". Sie entstand 1979. Als Schriftfamilie heißt sie heute „ITC Weidemann". Das Gremium der Deutschen Bibelgesellschaft machte die Vorgabe: „beste Lesbarkeit". Das war für sie das wichtigste Kriterium.

Und so bist du ein Schriftkünstler geworden?
Nein, kein Künstler! Ich bin ein Dienstleister mit künstlerischem Einfühlungsvermögen. Ich bin ein Frohndienstleister... Als die Deutsche Bibelgesellschaft mich fragte, ob ich diese Aufgabe übernehmen möchte, habe ich geantwortet: „Es gibt genügend gute Schriften. Nehmt die „Times", die „Janson", die

---

3 Hermann Zapf (geb. 1918), Typograf, Kalligraf, Zapf entwickelte über 200 Schriften. Bekannt wurden: Palatino, Aldus und Optima
4 Adrian Frutiger (geb. 1928), Typograf, Frutiger entwickelte etwa 25 Schriften, bekannt wurden: die serifenlose Linear-Antiqua Univers und die Frutiger
5 Georg Trump (1896-1985), Kalligraf, Typograf und Grafiker, Trump entwickelte etwa 15 Schriften und hinterließ ein umfangreiches grafisches Werk

"Caston" oder die "Baskerville". Das Problem der "Times" z.B. war allerdings, dass sie auf dem dünnen Bibelpapier auf die andere Seite durchschlug.

Das hat dich dann dazu gebracht, für die Bibelgesellschaft eine eigene Schrift zu erarbeiten?
Grund- und Haarstrich sind bei der "Times" stark ausgeprägt. Ich hab die reduziert, weil ich möglichst wenig auf der anderen Seite durchscheinen lassen wollte. Normales Papier hat 80 Gramm pro qm, das der Bibel lediglich 23 Gramm. Da musste ich mir was einfallen lassen, damit dieses Manko behoben werden konnte. Die Bibel hat 4,5 Millionen Buchstaben, das ist ein Haufen Holz.

...im Gespräch mit dem Grafiker Hermann Zapf

Hast du die Bibel überhaupt gelesen?
Nicht alles, aber ziemlich viel. Ich lese immer wieder in ihr. Die Bibel ist ein spannendes Buch. Ich schließe mich Bert Brecht an. Der hat auf die Frage, was er denn selbst lese, geantwortet: „Sie werden lachen, die Bibel! Da steht viel drin. Das alte Testament ist ein gewaltiges Buch."

Hat das mit Glauben zu tun?
Nein, das sind einfach nur vom Leben geprägte Geschichten.

Ist die Lektüre der Bibel für dich ein Erkenntnisgewinn?
Wenn man Auge um Auge, Zahn um Zahn, das Verhältnis von Rache und Vergebung, und das von Feindschaft und Reue, wenn man all das durchdringt – spürt man: Es geht ein großer Atem durch das Buch.

Kann man sagen, du bist Christ?
Christlich ja, aber nicht religiös oder konfessionell orientiert. Ich bin evangelisch-lutherisch – so steht's im Lebenslauf.

Dienen dir die Zehn Gebote als moralische Orientierung?
Natürlich! Schon von meiner Erziehung her.

Während des Krieges hattest du offensichtlich keine Probleme, gegen die Gebote zu verstoßen?
Ich weiß! „Du sollst nicht töten." Aber in der Bibel selbst finden Vatermord, Muttermord und Brudermord sowie Kriege statt. Da geht's heftig zur Sache. Gebot und Leben sind zweierlei. Für uns war der Dienst am Vaterland die höhere moralische Kategorie. Gebote sind eher Ordnungsbegriffe, die der Gemeinschaft dienen. Du sollst Vater und Mutter ehren, du darfst nicht stehlen, nicht töten... all das muss beachtet werden, damit Gemeinschaft funktioniert.

Ich lese immer wieder in ihr. Die Bibel ist ein spannendes Buch.

Apropos Gemeinschaft: Es hält sich ein Gerücht, du und deine Freunde hätten Stuttgart während der 50er und frühen 60er Jahre auf den Kopf gestellt?
So wild war das nicht. Wir waren zwar erlebnishungrig, hatten aber kein Geld. Alle haben bei Else Dimitrov Stuttgarts besten Gulasch aus einem Riesentopf gegessen. Ihre kleine Kneipe lag in der Nähe vom Haus der Wirtschaft, da traf man Studenten, Theaterleute, Künstler. Von dort aus ging's in den Jazz-Club oder in die Altstadt.

Doch plötzlich wurde der Laden geschlossen, denn man hatte in den Mülleimern der Nachbarschaft jede Menge Chappi-Dosen gefunden. Ich kann euch sagen, Chappi schmeckt gut. Jedenfalls hat Else Dimitrov, sie kam übrigens aus Bulgarien, aus dem Hundefraß bestes Gulasch gemacht...

Wurden in dieser Zeit nicht alle Bürgersteige nach Einbruch der Dunkelheit hochgeklappt?
Nein! Es gab eine großartige Jazzszene. Ich war ein großer Fan von Lionel Hampton[6] und versuchte, andere dafür zu begeistern. Gelungen ist mir das zum Beispiel bei den Töchtern des Barons von Reischach-Scheffel. Die Baronin war eine Enkelin von Victor von Scheffel[7], wir durften sie Mammi nennen. Sie war eine hoch gebildete Frau, machte literarische

6 Lionel Hampton (1908-2002), Jazzpianist
7 Victor von Scheffel (1826-1886), Jurist, Dichter und Schriftsteller

Übersetzungen. Der Schwiegervater war Hofmarschall bei Kaiser Wilhelm gewesen, die sind dann in Vaihingen/Enz gelandet. Ihre Faschingsveranstaltungen waren großartig...

Gab es damals schon eine Clubszene?
Na ja, Clubszene ist bei Schwaben übertrieben, aber es gab einen Club in einem Keller in der Johannesstraße mit einer Atmosphäre von Freiheit und Protest. Freiheit war eine Sehnsucht und Protest hatte ich noch nie richtig kennen gelernt. Meine Erziehung war ja völlig protestfrei, obwohl ich nie ein Feigling war. Ich verstehe nicht besonders viel von Musik, aber die Art, wie der Jazz gespielt wurde, hat mir sehr gefallen. Diese Musik gab mir ein Gefühl von Freiheit. Das führte dazu, dass ich später als junger Professor das „Manfred-Schoof-Quintett"[8] mit Alexander von Schlippenbach[9] zu Free Jazz-Sessions an die Akademie holte. Dafür habe ich meinen geringen Etat für externe Lehrveranstaltungen ausgegeben.

Das Schoof-Quintett war damals sehr bekannt. Sie haben für 350 Mark in der brechend vollen Aula gespielt und sich so verausgabt, dass am Ende des Konzerts jeder zwei Kilo abgenommen hatte. Auf die Frage des Rektors, warum ich das mache, gab ich zur Antwort: „Damit unsere Studenten einmal sehen, mit welcher Intensität man sein künstlerisches Geschäft betreiben kann." Free Jazz interessierte mich wegen seinem greifbaren Gefühl der Befreiung.

Was war das für eine Befreiung?
Da wird ja nicht nach Noten gespielt, es gibt keinen Dirigenten. Die Musiker geben sich untereinander die Führung weiter. Das war eine völlig neue Erfahrung für mich.

Die Musik hat dich nicht über den Kopf, sondern über den Bauch erreicht?
So war es – und diese Fünf ließen mich an ihrer Freiheit und Freizügigkeit teilhaben. Dass sie Hasch genommen haben, war für mich nachvollziehbar.

Wie oft hast du solche Konzerte organisiert?
Nur einmal pro Semester, aber über mehrere Jahre hinweg. Ich hatte leider nicht mehr Geld zur Ver-

8 Manfred Schoof (geb. 1936), Jazztrompeter, mit dem „Manfred-Schoof-Quintett" beeinflusste er maßgeblich die Entwicklung des Free Jazz in Europa

9 Alexander von Schlippenbach (geb. 1938), Jazzpianist, Arrangeur und Komponist, Weggefährte von Manfred Schoof

Stuttgart, Freunde und eine Hochzeit

Kollegen: Alfred Hrdlicka und Kurt Weidemann

fügung. Irgendwann wollten die Jungs mir bei uns zu Hause auch das Haschrauchen beibringen, aber dazu war ich wohl ungeeignet. Manfred Schoof sagte: „Du mit Deiner primitiven Biersauferei, davon musst du ja nur pissen gehen: Hebt sich bei dir nicht mal die Schädeldecke?" Sie hob sich nicht. Die haben ihren Rausch, den ich mit Bier und Schnaps schaffte, auf intelligentere Art und Weise zustande gebracht. Ich hab's ja immerhin versucht, war aber nix. Für sie war ich der arme Angehörige der Schnaps- und Biergeneration, die einfach nur pissen geht.

Bei dir wirkt also nur Bier und Schnaps...
So ist es. In meiner Pfeifensammlung hatte ich auch Glaspfeifen, die überzogen sie mit durchlöchertem Silberpapier und legten den Stoff drauf, damit waren sie glücklich. Schlippenbach hat jedes Mal bei uns zu Hause ein nordafrikanisches Gemüsegericht gekocht, in dem alles Mögliche drin war.

War Hrdlicka Kollege in deiner Akademiezeit oder kanntest du ihn aus der Kunstszene?
Wir waren Kollegen in den schwierigen Endachtundsechziger Jahren an der Aka. Er war nicht der Typ der täglichen Anwesenheit, hat aber gute Bildhauer ausgebildet. Nach wenigen Jahren ging er nach Berlin, bevor er wieder nach Wien zurückkehrte.

Hattest du nicht auch mal bürgerliche Träume?
Mein jüngerer Bruder war mir in allem voraus, weil er schon 1945 wieder zu Hause war. Er war schließlich verheiratet und hatte drei Kinder. Irgendwann fragte er mich, wann ich endlich mal heiraten wolle. Zu dem Zeitpunkt war ich Ende dreißig. Bei mir fand eben alles zehn Jahre später statt. Ich hab mich dann bemüht, aufzuholen und heiratete Anfang der 60er Jahre „Miss Hedelfingen", Ingrid Breuning.

War das eine Liebesheirat?
Ich mochte sie sehr gerne. „Rossmuggele" wurde sie genannt, weil sie Sommersprossen hatte, sie war bei allen sehr beliebt. Heute ist sie die Übermutter der Familie, die alles zusammenhält. Sie hatte damals nebenberuflich das Sekretariat des ISCS, dem Internationalen Studenten Club Stuttgart im Max-Kade-Heim übernommen.

Bei mir fand eben alles zehn Jahre später statt. Ich hab mich dann bemüht, aufzuholen und heiratete Anfang der 60er Jahre „Miss Hedelfingen", Ingrid Breuning.

Deine Frau kam aus Hedelfingen?
Ja, aus einer Hedelfinger Handwerkerfamilie. Ihr Vater war Tapezierer und baute Möbel. Ingrid hatte noch Eltern, Großmutter und eine komplette Sippe. Das war alles sehr in Ordnung. Die Großmutter war eine verehrenswürdige Frau, die leider krank im Bett lag. Wir mochten uns.

Hatte die Familie nichts gegen den Hallodri von der Kunstakademie?
So ein Hallodri war ich nun auch wieder nicht, denn dann wurde ich auch noch Professor. Bald kam Steffen zur Welt.

Gab's ein großes Hochzeitsfest?
Nein, eine ganz normale Familienhochzeit. Der damalige Studentenpfarrer der Universität war ein guter Freund von uns. Er hat uns in der Waldkirche an der Kräherwaldstraße getraut – ganz konventionell und bescheiden.

Der Studentenclub bildete über einen langen Zeitraum auch euren Lebensmittelpunkt – du hast dort Freundschaften geschlossen, die zum Teil bis heute bestehen.
Das war allerdings eine aufregende Zeit. Über den ISCS habe ich zum Beispiel Jassir Arafat[10] kennen gelernt, als der hier für kurze Zeit studierte. Er war Apfelsaftschorletrinker. Ich war oft mit Sai Khouri in der „Tube", Stuttgarts Künstlerstube. Sai war ein Palästinenser, der seine Orangenplantagen an die Israeli verloren hatte. Er hat Arafat in seinem Studium unterstützt. Die Silvesterfeiern und Jahresbälle des ISCS in der Liederhalle waren legendär. Da waren Leute aus der ganzen Welt dabei. Reiche Türken mit ihren jungen

10 Jassir Arafat (1929-2004), palästinensischer Politiker und Staatsmann, er war 1964 Mitbegründer der palästinensischen Befreiungsorganisation PLO und erhielt 1994 den Friedensnobelpreis

Frauen. Perser mit viel Geld. Durch diese Leute ist „Muggele" in bessere gesellschaftliche Kreise geraten. Bei uns Zuhause wurde nachts das grüne Roulettetuch ausgebreitet und gespielt. Diesen Leuten gefiel die Atmosphäre bei uns.

Was passierte an so einem Abend in eurer guten Stube?
Da gingen die Hundertmarkscheine über den Tisch. Die Sprösslinge des Stuttgarter Industrieadels verzockten das Geld ihrer Eltern. Mit dabei waren auch Südamerikaner, die einige der reichen Stuttgarter Töchter wegheirateten.

Offiziell kamen sie aber zum Studieren her?
Fast alle. Klar. Die meisten studierten Maschinenbau. Es gab auch mal Streit mit meiner Frau, weil sie Otto Herbert Hajek und Winfried Blecher[11] wegschickte. Die passten in ihren Augen nicht dazu. Da kamen mir die ersten Zweifel an unserer Ehe. Irgendwann entwickelte sich das auch auseinander. Das Auseinandergehen begann unauffällig.

Was passte da nicht zusammen?
Wir hatten einander nicht viel zu sagen. Du machst Nudeln. Ich mache Kunst... das ging nicht zusammen.

Später hast du aber doch sehr gute Kontakte zu den Nudelmachern gepflegt?
Ja, ich hab den Spagat geschafft, zu beiden Seiten ein gutes Verhältnis zu pflegen.

Da trafen natürlich Welten aufeinander, die nur schwer zusammenzuhalten waren. Liegt darin auch ein Grund für das Ende deiner ersten Ehe?
Das war einer, weshalb auch unsere Ehe auseinander ging. „Muggele" war im Vertrieb von Daimler-Benz als Fremdsprachsekretärin für Englisch tätig. Mit Frieder Birkel[12], mit Helmut Nanz[13] und mit Heinz Dürr[14] bin ich trotzdem bis heute befreundet – auch die Zeit der 68er konnte uns nicht auseinander bringen. Heinz Dürr sagte mir: „Bring doch mal deine Studenten mit, ich möchte mit ihnen diskutieren."

---

11 Winfried Blecher (geb. 1930), Buchgestalter, Blecher wurde mehrfach mit dem Deutschen Jugendliteraturpreis ausgezeichnet
12 Frieder Birkel (geb. 1930), Geschäftsführer der 1896 gegründeten Nudelfabrik, die Mitte der 80er Jahre an die Danone-Gruppe verkauft wurde
13 Helmut Nanz (geb. 1943), von 1969 bis zum Verkauf der Nanz-Lebensmittel-Märkte an die Edeka-Gruppe 1996 Mitglied der Geschäftsleitung und Vorstandsvorsitzender
14 Heinz Dürr, (geb. 1933), Unternehmer und Manager, Dürr ist bekannt als Vorstandsvorsitzender der Deutschen Bahn AG von 1991-1997 und gilt als Sanierer der AEG-Telefunken AG von 1980-1985

Damals war das so: Normale Studenten kannten keine Kapitalisten, und Kapitalisten kannten keine normalen Studenten – ich kannte beide Seiten.

Mitte der 60er-Jahre gab es viele Umbrüche...
...es lief weder in der Ehe noch in der Akademie! Es ging alles nicht so, wie ich dachte. Damals haben viele zum ersten Mal was von Computern gehört. Ich kannte Ernst Knepper, der die Stiftung Warentest mit aufgebaut hatte. Wir beschlossen, einen Computer an die Akademie zu holen. Knepper hatte einen besorgt, der so groß war wie ein Auto. Er wurde über Nacht im Neubau der Akademie aufgebaut.

Wir wollten dieses Computermonstrum, diesen Denkapparat. Zu der Zeit begannen die Kollegen im Senat, mich nicht mehr zu verstehen. Wir besaßen auch keine Reprokamera, die wir aber gut hätten brauchen können. Die habe ich dann auf meine Kosten gebraucht erworben. Von der Verwaltung wurde aber kein Geld bereitgestellt, um sie aufzubauen. Sie lag dann über Jahre in Ölpapier verpackt im Keller.

Weshalb wollten die keine Reprokamera haben?
Ich wollte das Thema „Fotografie als Manipulation" bearbeiten – das war den Kollegen suspekt. Ich hatte plötzlich Gegner im Senat, bevor 1968 überhaupt begonnen hatte. Meine Methode zu unterrichten war nicht sehr erwünscht.

Hast du eine Idee, weshalb deine Unterrichtsmethoden nicht gewollt waren?
Meine Lebenserfahrung unterschied sich von der meiner Kollegen. Nach zehn Jahren Krieg und Gefangenschaft war ich viel ungeduldiger. Ich wollte ein guter Lehrer sein und meine Studenten mit den neuesten Denkprozessen konfrontieren.

Einige Professoren achteten mich, trotzdem stimmten sie gegen mich, als es darum ging, mich loszuwerden. Es gab im Senat eine geheime Abstimmung, in der ich von mehr als 20 Professoren noch drei Stimmen bekam, darunter waren Sonderborg[15] und Hirche[16].

15 K.R.H. Sonderborg (geb. 1923), Maler, Professor an der Staatlichen Akademie der Bildenden Künste Stuttgart von 1964 bis 1990

16 Herbert Hirche (1910-2002), Designer, Bauhausschüler und Mitarbeiter von Mies van der Rohe, Professor und Rektor an der Staatlichen Akademie der Bildenden Künste Stuttgart

Brudi hat dich erst geholt und dann bekämpft?
Er hatte mich geholt, ja. Als er jedoch merkte, wie ich unterrichte, hat er Abstand genommen – und nicht nur er, sondern auch Professor Funk von der zweiten Grafikklasse. Er schickte sogar seinen Assistenten in meine Vorlesungen, um zu notieren, welche Studenten in meiner Vorlesung waren. Die wurden dann bei der nächsten Korrektur übergangen...

Du bist also gemobbt worden?
Ja, ganz eindeutig, und einige Studenten gleich mit.

Aber du wolltest das ausfechten?
Ich konnte nicht anders, aus meiner Praxiserfahrung wusste ich: Das Leben draußen hatte mit den Linolschnitten, die wir machten, nichts mehr zu tun. Dort arbeitete man schon lange ganz anders. Ich wollte das wenigstens ein bisschen zusammenbringen, deshalb auch die Reprokamera. Auch als die ersten Fotosetzmaschinen kamen, wollte ich Fotosatz einführen, damit sie den Handsatz wie zu Gutenbergs Zeiten ergänzen können. Aber an der Akademie gab's nur Lithografie und Radierung, Linol- und Holzschnitt, Holzstich, Monografie.

Du sagtest, du hast dich geprüft, was heißt das?
Der Norddeutsche würde jetzt sagen: Ich habe geprüft, ob ich ein „obstinater" Typ bin, ein Widersprecher, ein Querulant. Die Ehe bringe ich nicht hin, die Akademie auch nicht. Bin ich ein Besserwisser? Das bin ich aber nicht. Ich bin vielmehr ein Überzeugungstäter. Schließlich wollte ich niemals in die Welt der High Society

einsteigen, nur weil ich sie kannte. Die haben mir Golfclubangebote gemacht. Ich habe gefragt: „Was bezahlt ihr mir dafür?" Mein Geld hab ich lieber für alte Schriftmusterbücher ausgegeben, eine ganze Sammlung.

Der Quotenkünstler...
Ich bin oft ein Sowohl-als-auch-Typ, befreundet mit Altstadtgängern und mit Alfred Herrhausen[17]. Nicht, weil ich ein Opportunist bin und krieche, sondern weil ich so bin, wie ich bin. Was ich kann ist: Über eine große Bandbreite kommunikationsfähig sein. Ich bin einer, der auch gut Witze erzählen kann. In einem Golf Club hab ich allerdings nichts zu suchen. „Muggele" hat Steffen früh in den Tennisclub Weißenhof geschickt. Dort waren die Prinzenerzieher, deswegen ist er mir heute noch gesellschaftlich voraus.

Dann hast du einfach stur deinen Weg gesucht?
Ja, das, was ich kann, ist ja überschaubar: Ich weiß über Typografie ganz gut Bescheid und kann darüber urteilen. Meine Fähigkeiten liegen bei Schrift, Typografie und in der Kommunikation. Auch in der Beratung, wie man kommunizieren sollte. Und zwar mit einer Glaubwürdigkeit, die im Laufe der Zeit in Vertrauen übergeht.

Einem Streit bist du nie aus dem Wege gegangen?
Nein, an der Akademie wurde das offensichtlich. Als die 68er Zeit auch bei uns ankam, entstanden Spannungen, die sogar zu Prozessen vor Gericht führten. Drei Studenten haben auf die Wand

17 Alfred Herrhausen (1930-1989), Vorstandssprecher der Deutschen Bank AG, er wurde am 30. November 1989 ermordet

neben dem Rektoramt den Spruch geschrieben, der über dem Tor zum KZ Dachau stand: „Ordnung, Fleiß, Gehorsam, Liebe zum Vaterland sind das Tor zur Freiheit." Die Wände waren voll mit anonymen Sprüchen und Parolen, aber die drei hatten mit ihrem Namen unterschrieben. Zuvor hatte ich in einer Hauptversammlung bemerkt: „Wenn wir hier die Polizei oder Staatsanwaltschaft reinlassen, erklären wir unseren geistigen Bankrott. Wir müssen unsere Probleme jetzt und hier lösen." An der polizeilich besetzten Frankfurter Uni war zu lesen: „Ganztägig Bullenschau..." Akademien haben Autonomie, das wurde stets betont. Und ich wollte darauf bestehen, die Autonomie in dieser Situation zu nutzen. Doch der Rektor lehnte ab und zeigte die drei sofort an.

Ich habe allerdings das Gespräch mit ihnen gesucht. Ich wollte wissen, was ihr Spruch sollte. Sie sagten mir: „Wir wollen uns mal mit euch über Ordnung, Fleiß und Gehorsam unterhalten." Sie fragten, ob wir darunter verstünden, um neun Uhr morgens pünktlich mit Pinselschwingen zu beginnen? Und sie warfen uns vor: „Im Senat beschäftigt ihr euch nur noch mit euch selbst". Diesen Vorwurf habe ich geteilt und auch meinen Kollegen vorgehalten.

In dieser Situation konnte ich das nicht weiter diskutieren. Die Jungs waren ja von ihrem Rektor wegen Sachbeschädigung angezeigt worden und eine Gerichtsverhandlung stand bevor. Ich war und bin der Ansicht, es gibt eine Gleichheit vor dem Gesetz. Deswegen habe ich ihnen angeboten: „Nehmt ihr euch einen Anwalt, den bezahle ich."

Ihre Wahl fiel auf Klaus Croissant[18], den ich durch Otto Herbert Hajek kannte. Vor Gericht trat er ohne Robe auf. Das war natürlich Provokation pur und der Richter war dementsprechend aufgebracht. In der Pause sagte ich zu Croissant: „Es geht nicht um deine Selbstdarstellung, sondern du sollst meine Leute ordentlich verteidigen." Das Ganze fand eine große Resonanz. In der „Zeit" wurden halbseitige Artikel zu diesem Fall veröffentlicht. Die Studenten wurden schließlich freigesprochen. Sie mussten nur die Farbe zum Übermalen bezahlen. Von der Akademie sind sie auch nicht geflogen und sie konnten ihr Studium abschließen.

18 Klaus Croissant (1931-2002), Rechtsanwalt, bekannt wurde er als Vertreter der RAF während der Stammheimer Prozesse von 1975 bis 1977

Welche Folgen hatte dieser Vorgang für dich?
Es sollte ein Disziplinarverfahren eingeleitet werden, weil ich die Studenten unterstützt hatte. Ich

wurde ins Kultusministerium vorgeladen, das über elf Fachjuristen verfügte. Ich argumentierte vor ihnen mit der Gleichheit vor dem Recht, und da die Studenten kein Geld hatten, sei ich eingesprungen. Am Ende sollte ich eine Art Unterwerfungserklärung abgeben: „Ich unterschreibe gar nichts", hab ich gesagt. „Im Gegenteil, ich möchte von Ihnen eine Bestätigung haben, einen 'Persilschein', dass ich mich als Staatsbürger erster Klasse verhalten habe, weil ich dem Grundgesetz zum Recht verholfen habe."

Das Disziplinarverfahren wurde übrigens von der Senatsmehrheit unterstützt. Die Mehrheit hatte sich der Rektor per Telefon verschafft. Vom Anwalt des Ministeriums wollte ich wissen, ob es ihn überhaupt interessiere, was da oben an der Akademie los war. Nein, antwortete er. Er habe mich nur über das Beamtenrecht zu belehren. Ich sagte: „Irgendwann fliegt hier mal ein Stein durchs Fenster, und Sie wissen immer noch nicht, was los ist."

War die Geschichte damit erledigt?
Im Gegenteil. Ich habe ihnen meinen Anwalt Dr. Sturm benannt, und der werde alles Weitere mit ihnen verhandeln. Dann bin ich gegangen. Das Verwaltungsgericht entschied schließlich für meinen Verbleib an der Akademie. Es wurden etwa 924,41 Mark Anwaltsgebühren festgesetzt, die das Ministerium zu entrichten hatte. Nach Berechnungen meines Anwalts waren das siebzehn Pfennige zu wenig. Er hat wegen der fehlenden siebzehn Pfennige noch mal interveniert, die bekam er dann auf der Grundlage der Gebührenordnung.

Du hast also für drei Studenten Kopf und Kragen deiner eigenen Universitätskarriere riskiert – warum?
Weil ich schon bei meinem Großvater lernen wollte, was soziales Miteinander heißt: Bei Tisch stand die Bratpfanne auf einem Dreibein mit einem kürzeren Bein, das immer dort war, wo er saß. Das Fett in der Bratpfanne lief also bei ihm zusammen – seltsam... Er begründete es damit, dass er der schwerste Arbeiter auf dem Hof sei, morgens um drei die Pferde tränken und abends um elf die Ställe abschließen müsse. So habe ich schon als kleiner Junge ein Gefühl für Gerechtigkeit und Ungerechtigkeit entwickelt, für Unterdrückung und Ausbeutung. Das musste ich später nicht mehr lernen.

1968 gab es auch in Stuttgart Demonstrationen, Steine flogen gegen das Amerikahaus. Warst du dabei?
Steine sind keine Argumente, sondern Steine. Ich war bei einer Veranstaltung auf dem Marktplatz vor dem Rathaus mit dem Architekturprofessor Kammerer[19] und Vertretern der Gewerkschaft, als es um das neue Hochschulrecht ging... Ich war aber nur hochschulpolitisch engagiert, nicht in der APO oder anderswo.

Wir wollten mit dieser Veranstaltung, bei der etwa 2.000 Leute anwesend waren, mehr Mitbestimmungsrechte für Studenten erreichen.

Vor mir sprach ein Gewerkschafter und Kammerer bat mich: „Bitte in Ton und Diktion von dem unterscheiden." Der Gewerkschaftsvertreter war laut. Ich solle bitte leiser und präziser sprechen. Im Professorenkreis galt ich als einer, der links von Ho Chi Minh[20] steht – falls da überhaupt noch Platz ist. Ich galt als rote, linke Socke. Habe aber nie an anderen Demonstrationen teilgenommen – auch nicht gegen den Vietnamkrieg, obwohl ich ihn verurteilt habe. Ich beteiligte mich nur bei unseren hochschulpolitischen Auseinandersetzungen, dort aber intensiv.

An der Akademie ist das berühmte Plakat entstanden: „Alle reden vom Wetter, wir nicht"[21]. Hattest du damit zu tun?
Nur indirekt. Uli Bernhardt, der es entworfen hatte, war öfter bei mir und wurde später bei mir Geschäftsführer im Künstlerhaus in der Reuchlinstraße.

Offensichtlich hast du dich völlig unbeschadet durch diese politischen Jahre manövriert?
Das kann man so nicht sagen. Ich hatte begonnen, für den Propyläen-Ullstein Verlag zu arbeiten. Dieser Verlag gehörte immerhin zu Springer, bekannt als Herausgeber der „Bild-Zeitung" und absolutes Feindbild der Linken.

Die Studenten haben mich gefragt, weshalb ich für Springer arbeite. Sie wollten, dass ich sie unterstützte, die Auslieferung der Bild-Zeitung bei Bechtle-Druck in Esslingen zu behindern. Mir war das allerdings zu kurz gedacht und zu wirkungslos. Ich fand mein Engagement bei der Neuaus-

---

19 Hans Kammerer (1924-2000), Architekt, über 30 Jahre prägte Professor Kammerer die Stuttgarter Architekturschule wesentlich mit
20 Ho Chi Minh (1890-1969), Revolutionär, Premierminister und Präsident der Demokratischen Republik Vietnam
21 Der Slogan der Deutschen Bundesbahn am Ende der 60er Jahre wurde mit den Köpfen von Marx, Engels und Lenin grafisch neu gestaltet und zu einem der bekanntesten politischen Plakate dieser Zeit

gabe einer Billigausgabe von Karl Marx „Das Kapital" und der Propyläen Kunstgeschichte der 20er Jahre wirkungsvoller.

Das ist ja kein besonders aufregendes Argument.
Oh doch, das ist es! Das Projekt kostete über 40 Millionen Mark. Dieses Geld konnte Springer nicht mehr in die „Bild-Zeitung" stecken. Wir versuchten, Geld für etwas wirklich Großartiges abzuziehen. Das war doch mehr, als ein paar Behinderungsaktionen bei der Auslieferung von „Bild" bewirken konnten. Die Studenten haben das übrigens akzeptiert.

Haltung ist vonnöten, wo Gewissenlosigkeit eintritt.

Wie habt Ihr auf die Attentate auf Benno Ohnesorg und Rudi Dutschke reagiert?
Das brachte mich dahin, nicht mehr zu sagen, dass ich kritiklos ergeben für diesen Staat bin. Beeindruckt hat mich auch die Diskussion von Dutschke mit Ernst Bloch[22]. Dutschke hätte ich gerne mal persönlich kennen gelernt. Das sollte nicht sein. Dafür kannte ich andere aus seinem Umfeld.

Würdest du sagen, du bist ein links denkender Mensch geworden?
Nein, es war meine Grundeinstellung seit je. Ich wusste nur, welche Haltung ich einnehmen und zu vermitteln hatte. Die vertrat ich mit Nachdruck in Hauptversammlungen an der Akademie. Daher rührte letztlich auch das Disziplinarverfahren gegen mich. So was war unerwünscht, ein Professor dürfe sich nicht einmischen.

Wenn du eine Haltung zu vermitteln hattest, ist das doch auch eine Position?
Natürlich. Ich würde das sogar als den höheren Wert ansehen. Haltung ist vonnöten, wo Gewissenlosigkeit eintritt.

22 Ernst Bloch (1885-1977), Philosoph, wichtigstes Werk: „Das Prinzip Hoffnung", entstanden zwischen 1954 und 1956

Kurt Weidemanns zweite Frau Jutta, genannt Olga, und Tochter Nane (Esther-Marie)

Auffällig sein ist leichter als gut sein

Alfred Biolek kennt jeder. Wo und wie seine Karriere wirklich begann, erfahren wir von Kurt Weidemann, der hier auch offenbart, dass er seine allerersten Aufträge frühmorgens im Vorbeigehen auf der Straße bekam und mit den Honoraren seine Miete bezahlte.
Es folgen Schriftbilder und Logos, die ins kollektive Gedächtnis übergegangen sind, und ein Ohrring, der ebenfalls zum Markenzeichen wurde.

Welche Aufträge haben dir in den ersten Stuttgarter Jahren am meisten Spaß gemacht...
...und ein bisschen Geld gebracht? Briefbögen und Visitenkarten im Vorbeigehen.

Im Vorbeigehen?
Ja, während des Studiums wohnte ich eine Zeit lang zusammen mit zwei Mitstudenten in einer Zweizimmerwohnung in der Schwabstraße. Morgens setzten wir uns auf die Treppe vor dem Haus und fragten die Leute auf ihrem Weg zur Arbeit: „Haben Sie ein eigenes Briefpapier?" Wenn sie mit „Ja" antworteten, baten wir sie, es am nächsten Tag mitzubringen. Machten sie das, fragten wir sie, ob wir für sie einen neuen Entwurf machen dürfen. Besaßen sie keines, sagten wir: „Geben sie uns ihre Daten: Adresse, Telefonnummer und Kontonummer. Wir machen ihnen eines."

Die Leute kamen bei euch vorbei, ließen sich ansprechen und fanden das gut?
Oder auch nicht. In den ersten zwei Monaten haben wir das kostenlos durchgezogen, weshalb auch viele im Vorbeigehen mitmachten.
Die Briefblätter haben wir dann an der Akademie gesetzt. Das war natürlich nicht unbedingt erlaubt, aber wir machten das vor dem Arbeitsbeginn. Am nächsten Morgen zeigten wir unseren

Interessenten die Andrucke. Erst später mussten sie dann auch etwas bezahlen.

Gute Geschäftsidee...
Ja, nach einem Vierteljahr fingen wir an, ein bescheidenes Honorar zu verlangen. Dem Bäcker malten wir eine Brezel dazu, dem Schuhmacher ein kalligrafisches Schnürband. Die alten Briefbögen und Visitenkarten waren meist herzlich schlecht. Man ging damals mit einem solchen Begehren einfach zur Druckerei, das war für die ein Nebengeschäft.

Bei Coop haben wir vier visuelle Egoisten: C, O, O und P, und diese Buchstaben sollen jetzt das Gegenteil symbolisieren: Zusammenarbeit, Kooperation. In dieser Kombination kann ich keine Einzelzeichen machen. Ich muss das Zeichen in einen Verbund stellen.

Wart ihr damit erfolgreich?
Klar, viele fanden uns gut und schickten dann weitere potenzielle Kunden vorbei – so was nennt man Akquisition. Damit waren Mensa-Essen und Miete verdient. Das haben wir so lange gemacht, wie wir da gewohnt haben. Ich denke, etwa drei Semester.

Welchen Auftrag würdest du als den wichtigsten zu Beginn deiner Karriere bezeichnen?
Anfang der 60er Jahre habe ich den Wettbewerb für das neue Erscheinungsbild von Coop[1] gewonnen. Der Wettbewerb im Zusammenhang mit der Umstellung von der Konsumgesellschaft auf Coop war für mich deshalb wichtig, weil ich gegen Anton Stankowski und andere Platzhirsche antrat.
    Am Vorabend der Präsentation gab es ein Abendessen mit den beteiligten Gewerkschaftsvertretern. Coop war die Großeinkaufsgenossenschaft – GEG – des Konsum, so was wie Lidl und Aldi heute. An diesem Abend wurde ich vom GEG-Chef gefragt: „Wie sind Sie an das Problem rangegangen?" So hatte ich Gelegenheit, vor der offiziellen Präsentation meine Gedanken vorzustellen. Die runde Buchstabenform sei optisch asozial, erklärte ich. Sie schließt sich ab und ist nicht nachbarschaftlich. Andere Buchstaben haben mehr Offenheit. Das E ist nach rechts offen, das U und das V sind nach

---

1 Coop – Lebensmittel-Einzelhandel, Nachfolgeunternehmen der Konsumgesellschaften der Gewerkschaften

Bestandteil des kollektiven Gedächtnisses: Das Coop-Zeichen

oben offen, das A nach unten. Nur die runde Form ist in sich geschlossen. Bei Coop haben wir vier visuelle Egoisten: C,O,O und P, und diese Buchstaben sollen jetzt das Gegenteil symbolisieren: Zusammenarbeit, Kooperation. In dieser Kombination kann ich keine Einzelzeichen machen. Ich muss das Zeichen in einen Verbund stellen.

Was heißt das?
Das Zeichen ist ein Verbund von vier Quadraten: COOP – blaues Feld, blaues Feld – COOP blaues Feld, blaues Feld und so weiter. Daraus entsteht ein zusammenhängendes Band, das die Bedeutung „Kooperation" transportiert. Die runde Form ist optisch bindungslos.

Das hat auch einen großen praktischen Vorteil: Wenn ich vier Schaufenster habe, darf nicht nur über dem Eingang groß COOP hängen. Dieses Zeichen ermöglicht vielmehr eine kommunikative Reihung über die gesamte Fensterfront. Geht man die Fenster entlang, ist es unübersehbar: Die gehören alle zu COOP. Die Reihung ist aber nicht nur kommunikativ, sie symbolisiert darüber hinaus den Verbund. Das erklärt sich am besten mit der Umsetzung auf den LKW: Normalerweise kommt auf den LKW seitlich einmal groß das Firmenzeichen drauf. Wirklich sichtbar ist es im Straßenverkehr aber nicht. Also muss ich am oberen Rand des Fahrzeugs das Zeichen in die Ecken setzen im Band ringsherum.

Warum? Im Verkehr finden die Begegnungen im spitzen Winkel statt. Links oder rechts, von vorne und von hinten, deswe-

gen sieht man die Seitenflächen seltener. Meine Absicht war, das Zeichen rundherum laufen zu lassen. So bleibt es immer sichtbar, auch wenn man vorneweg oder hinterher fährt. Diese Überlegungen fanden sie überzeugend.

Damit hattest du den Wettbewerb gewonnen. Man hat den Eindruck, deine Arbeitsweise unterscheidet sich von anderen. Ist das richtig?
Die erste lange Phase bei mir ist immer die Denkarbeit und nicht die Gestaltung. Andere arbeiten anders. Mit Anton Stankowski habe ich eine Zeit lang für einen seiner Großkunden zusammen gearbeitet. Bevor man uns ein Problem erläutert hatte, bevor wir also genau wussten, was von uns erwartet wird, hatte Anton schon angefangen zu zeichnen.

Er arbeitete und dachte in Bildern. Das Zuhören gehörte nicht zu seinen Stärken. Kaum war er von einem Termin zurückgekehrt, wurden bereits die Reinzeichnungen erstellt. Das ist nicht mein Arbeitsstil. Aber Stanko war „erfolgreicher" als ich.

Ganz offensichtlich hat die Kombination, erst denken, dann gestalten dir nicht geschadet. In den 60er und 70er Jahren haben dich weitere große Unternehmen verpflichtet, welche waren das?
Ganz wichtig war der Pharmariese Merck[2] in Darmstadt zu Beginn der 60er. Ein Unternehmen mit einer 350 Jahre alten Tradition, das damals noch vollständig in Familienbesitz war und auf diese Tradition großen Wert legt. Der Gründer, Emanuel Merck, hatte als Apotheker angefangen. Für Merck habe ich am gesamten Erscheinungsbild gearbeitet.

2 Merck KGaA – 1668 begann mit der Eröffnung der Engel-Apotheke in Darmstadt durch Friedrich Jakob Merck der Aufstieg zu einem der weltweit bedeutendsten Pharmazieunternehmen

Heute ist Merck an der Börse notiert...
Nach nahezu 350 Jahren Firmengeschichte gibt es hunderte Familienangehörige, die halten das Gros der Aktien. Ein Zweig aus der Familie ist in die USA ausgewandert. Das dortige Imperium ist heute um ein Vielfaches größer als die Stammfirma. Der

Vorstand bestand ausnahmslos aus sehr kultivierten Herren.

Hat sich der junge, aufstrebende Grafiker dem Stil des Hauses angepasst?
Ich habe C&A-Anzüge getragen, damit ich das trage, was die Leute am Leib haben, zu denen ich hingehe. Ich war angezogen wie die Akademiker. Ich wollte, dass die mir zuhören und sich nicht mit meinem Äußeren beschäftigen. Mit Rollkragenpullover wäre ich da nicht hingegangen. Merck beschäftigte damals 1.600 Akademiker und verfügte über ein eigenes, sehr gutes Kammerorchester, hausintern „Cebion-Players" genannt.

Es war dir also wichtig, nicht als Person aufzufallen, sondern mit deiner Arbeit zu überzeugen?
So lange ich Kunden habe, werde ich ihnen entgegen kommen. Zu einem anderen Kunden, Zeiss[3] in Oberkochen, wurde ich eines Tages ganz plötzlich einbestellt. Der Chef wollte mich kurzfristig sprechen. Ich war an der Akademie und hatte keine Zeit mehr mich umzuziehen. Also kam ich in Jeans und Hemd zu der Besprechung. Dort angekommen sagte der Vorstandsvorsitzende: „Es stört mich nicht, wie Sie angezogen sind..." Ich entgegnete: „Es stört mich auch nicht, dass Sie hier im Nadelstreifenanzug sitzen. Wir tragen beide unsere Arbeitskleidung." Später unterhielten wir uns über gesellschaftliche Umgangsformen. Hätte er mich zum Abendessen eingeladen, hätte ich mich selbstverständlich frisch gemacht. Blumen für die Gattin hätte ich natürlich auch gekauft und einen Anzug angelegt. Ganz sicher wäre ich nicht so, wie ich von der Akademie komme, angetreten.

Und was hat er zu deinem Ring im Ohr gesagt?
Den hatte ich noch nicht, aber von ihm kam überhaupt die Idee dazu. Im Zuge der Diskussion bezweifelte er, dass ich mit einem Ring im Ohr rumlaufen würde. Wir wetteten eine Kiste Zigar-

3 Carl Zeiss AG – wurde 1846 in Jena gegründet. Weidemann war für das, nach dem Zweiten Weltkrieg im Westen neu gegründete Unternehmen Carl Zeiss Oberkochen tätig

ren und eine Kiste Champagner. „Soll die Ehe glücklich sein, kauf bei Kurtz die Ringe ein...", in diesem Stuttgarter Schmuck-Geschäft habe ich einen Ohrring gekauft, bin zu meinem Hals-Nasen-Ohren-Arzt und ließ mir ein Loch stechen.

Der fragte mich: „Was ist los mit dir? Bist du schwul geworden?" Ohrringe bei Männern waren in den 70ern noch nicht so oft zu sehen wie heute. Die Wette habe ich gewonnen, der Vorstandsvorsitzende von Zeiß wusste nicht, dass Champagner und Zigarren über 1.000 Mark kosten können... Den Ring hab ich jetzt noch drin, weil ich ihn nie sehe. Das sind jetzt auch schon über 30 Jahre.

Ich habe C&A-Anzüge getragen, damit ich das trage, was die Leute am Leib haben, zu denen ich hingehe. Ich war angezogen wie die Akademiker. Ich wollte, dass die mir zuhören und sich nicht mit meinem Äußeren beschäftigen.

Die Firma Nanz gehörte auch zu deinen frühen Kunden. Für Nanz hast du auch ein Namenszeichen entwickelt. Welche Idee steckte dahinter?
Gar keine! Es wurde lediglich ein Buchstabe herausgehoben. Bei einem einzigen Vokal im Namen Nanz macht das Sinn, den zu nehmen. Und so kam es zum blauen Schriftzug mit einem roten A.

Du hast die Farben rot und blau sehr offensiv verwendet. Ist das eine Vorliebe oder gibt es einen rationalen Grund?
Weil es die beliebtesten Farben sind. Blau ist mit 37 Prozent die beliebteste Farbe, dann kommen rot und grün mit je 17 Prozent. In den frühen Büchern waren blau und rot die Auszeichnungsfarben. Marienbilder waren überwiegend in blau und rot gehalten. Ich mag blau und rot auch sehr gerne, weil es die Grundfarben sind: Gelb, rot und blau sind auch die Grundfarben im Farbdruck. Plus schwarz.

Und nach welchen Kriterien hast du die Typografie bestimmt?
Auch hier gilt die Regel: Alles muss maximal lesbar sein! Das Zeichen hat sich bis zum Verkauf von Nanz unverändert gehalten. Genau wie das von Coop. Über Jahrzehnte!

Wir haben über deine Kunden gesprochen. Für sie alle hast du in den unruhigen 60er Jahren gearbeitet. Deine hochschulpolitischen Aktivitäten können ihnen nicht verborgen geblieben sein. Wie entwickelten sich die Geschäftsbeziehungen und Freundschaften zu den Unternehmern? Gab es da keine Probleme?

Ich bin mit solchen Umständen immer offensiv umgegangen wie mit Edzard Reuter[4] und Jürgen Schrempp[5], die hatte ich viele Jahre nach ihrem Auseinanderleben zu meinem Geburtstag eingeladen – und sie waren auch gekommen.

Karl Dersch, der Mercedes-Chef von München, fragte mich: „Wie hast du die denn zusammen auf ein Fest bekommen?" Ich antwortete: „Ich habe sie eingeladen." Immerhin saßen sie nicht an einem Tisch.

Es hat sich auch später niemand von dir distanziert, vom „linken Kurt"?
Nein, selbst Dr. Walther Zügel[6] nicht, obwohl der mich ganz links einsortiert hatte.

Und deine Freunde aus der Gesellschaft?
Die sagten zwar, das ist ein Linker, aber gestört hat es sie nicht. Dadurch hab ich niemanden verloren. Im Gegenteil: Der Anwalt von Heinz Breuninger bot mir sogar an, alles für mich zu tun, als ich das Disziplinarverfahren an der Backe hatte.

Zu deinen Freunden zählen Politiker jeder Couleur und Wirtschaftsbosse von Daimler bis zur Deutschen Bank. Wie hast du es geschafft, all diese Menschen an dich zu binden?
Wenn ich jemanden anzubinden versuche, reißt er aus. Das ist also nicht mein Interesse. Ich habe immer frei und offen mit ihnen geredet, mehr war nicht nötig. Schrempp sagte mal zu mir: „Endlich kommt hier einer rein, der nichts für sich oder gegen jemand Anderen was will." Damit hatte er ja täglich zu tun. Vielleicht kommt es daher, dass ich in keine Schublade zu passen scheine. Ich habe Freunde links wie rechts.

4 Edzard Reuter (geb. 1928), Jurist, Reuter war von 1987 bis 1995 Vorstandsvorsitzender der Daimler-Benz AG und verfolgte die Vision eines integrierten Technologiekonzerns
5 Jürgen Schrempp (geb. 1944), Kfz-Mechaniker, Ingenieur, Manager, er war von 1995 bis 1998 Vorstandsvorsitzender der Daimler-Benz AG, danach bis 2005 der Daimler-Chrysler AG
6 Dr. Walter Zügel (geb. 1933) Wirtschaftswissenschaftler und Bankmanager, er war von 1972 bis 1996 Vorstandsvorsitzender der Städt. Spar- und Girokasse Stuttgart, später Landesgirokasse Stuttgart

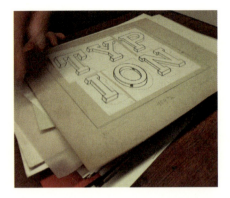 

Fast alle deine Freundschaften halten bis heute?
Gute Freundschaft kennt keine Zeit.

Erzähl mal von deinem Freund Alfred Biolek[7]. Wie habt ihr euch kennen gelernt?
Das war irgendwann in den 50er Jahren. Damals gingen wir als Studenten oft in den Gewerkschaftskeller. Dort waren die Preise gut: Bier 30 Pfennig, ein Viertele Wein 45 Pfennig. Alfred Biolek saß allein an einem großen Tisch. Wir setzten uns dazu. Freddi war Assessor am Amtsgericht Waiblingen und interessierte sich für uns, weil wir was mit Kunst zu tun hatten. Am Ende des Abends wollte er wissen, ob wir wiederkommen und er sich dann zu uns setzen dürfe. Wir kamen wieder. Er setzte sich zu uns. Irgendwann gehörte er einfach dazu. Dann luden wir ihn ein, bei der „Billy Bletcher Hallelujah Show" mitzumachen. Die Show veranstalteten wir jedes Jahr am Ende des Sommer-Semesters auf der Schwäbischen Alb in einer Kneipe mit Saal mit etwa 200 Leuten. Als Preis für die beste Darbietung gab es den „Goldenen Oswin", das ist ein goldener Kraftprotz, der in einem Ofenrohr-Endstück sitzt... Einmal bekam ich den „Goldenen Oswin" für meine Darbietung: „Warten auf Bardot". Damals lief das Stück „Warten auf Godot" in vielen Theatern. Bei mir blieb der Bühnenvorhang die gesamte Zeit geschlossen, bis dann einer anfing zu klatschen. In diesem Jahr gab es offenbar keinen besseren Beitrag... Wir haben immer den Saal abstimmen lassen, und da hatte ich mal Glück.

[7] Dr. Alfred Biolek (geb. 1934) Prädikatsjurist, Fernsehmoderator, bekannt wurde Biolek mit „Bios Bahnhof", „Boulevard Bio" und „alfredissimo"

*Auf eines dieser Feste hatten wir Freddi mitgenommen.
Er fragte, ob er auch auftreten dürfe. Er durfte. Schwarzer Mantel,
hochgeklappter Kragen, weiß geschminkt und weiße Handschuhe – so
kam er auf die Bühne und brachte eine Moritat...*

*Kann es sein, dass Bioleks Karriere auf der Schwäbischen Alb
in einer Kneipe mit Saal begann?*
Auf eines dieser Feste hatten wir Freddi mitgenommen. Er fragte, ob er auch auftreten dürfe. Er durfte. Schwarzer Mantel, hochgeklappter Kragen, weiß geschminkt und weiße Handschuhe – so kam er auf die Bühne und brachte eine Moritat: „Mord mit mehr als sieben Phon, widerspricht dem guten Ton. Kille, Kille, Kille, Mord bei Totenstille." Das war Freddis Nummer, an die erinnere ich mich noch heute.

    In dem Jahr bekam er den „Goldenen Oswin". Er behauptet, bis heute sei das die höchste Auszeichnung gewesen, die er je bekommen hat. Wir brachten aus unserem Überhang Frauen für Freddi mit, der hatte ja nie eine dabei. Aber das war nix. Wir konnten ja nicht wissen, dass er „vom anderen Ufer" ist.

Der „Goldenen Oswin" war also Bioleks Eintrittskarte beim ZDF?
Nein, nein. So schnell ging das nicht. Einer von uns bekam einen Job bei der „Bavaria" in München. Er wurde Bühnenbildner und musste ganze Straßen für eine Cowboystadt bauen. Die Bavaria suchte gerade einen Justitiar, das erzählte er Biolek. Freddi bewarb sich und bekam den Job. Von dort wurde er zum ZDF abgeworben

– auch noch als Justitiar. Wahrscheinlich hat er es dann so gemacht wie bei uns und fragte: „Darf ich auch mal was im Programm machen?" So begann seine Karriere.

Wie ist heute dein Verhältnis zu Biolek?
Freundschaft hält. Wenn ich in Berlin bin und er ist auch da, besuche ich ihn. Er hat eine wunderschöne Wohnung, ein tolle Küche und bekocht gerne seine Gäste.

Enger ist aber seine Freundschaft zu meinem Sohn Steffen. Er war nach dem Studium Werbeleiter und Pressechef bei Boss. Er hat Biolek jahrelang eingekleidet.

Wie hast du deine zweite Frau Olga kennen gelernt?
Olga, die eigentlich Jutta Michaelis hieß, habe ich über ihren damaligen Freund Rody Michalowski kennen gelernt. Rody war eine sportliche Erscheinung aus Südamerika. Er bat mich um Hilfe, weil seine Freundin – also Olga – Probleme an der Akademie hatte. Sie studierte Textildesign. Sie bekäme von ihrem Professor schlechte Noten, weil sie nicht in die Webschule ginge. Ob ich da vielleicht was machen könne? Die Ausbildung des Textil-Professors sei pingelig verschult. Olga wolle eine autonomere Ausbildung. Jetzt sollte sie der Akademie verwiesen werden.

Ich bot Rody an, mit ihr zu sprechen und zu sehen, was möglich ist. Sie kam und hat mir die Geschichte erzählt. Ich sagte ihr zu, eine Klärung herbeizuführen, weil ich von dieser schulmäßigen Ausbildung auch nichts hielt. Später freundeten wir uns an, und bald wurde es mehr als Freundschaft. Das alles fand aber erst statt, nachdem ich geschieden war.

Mein zweiter Sohn Markus wurde 1965 geboren. Unsere Tochter Esther Marie, genannt Nane, weil sie immer Bananen essen wollte und dazu „Nane" sagte, kam 1966 zur Welt.

Was wurde aus Olgas Exmatrikulation?
Sie wurde nicht entlassen. Ich stellte im Senat fest, dass ein Verschulungsprinzip nicht zum obersten Beurteilungsprinzip erhoben werden dürfe. Niemand wollte darüber oder über die freie künstlerische Entscheidung diskutieren. Ich sollte mich nicht um Sachen kümmern, die mich nichts angingen... Olga und ich heira-

teten dann. Mein zweiter Sohn Markus wurde 1965 geboren. Unsere Tochter Esther Marie, genannt Nane, weil sie immer Bananen essen wollte und dazu „Nane" sagte, kam 1966 zur Welt. Die wenigsten wissen, dass sie einen „richtigen" Vornamen hat.

Wenn wir bei Kleins waren, saß Olga oft mit Hannes am Plattenspieler. Sie hörten sich die schweren Sätze der Mahler-Sinfonien an. Das drehten sie so laut auf, dass sich die Nachbarn beschwerten.

Olga hat sich eines Tages das Leben genommen.
Am 28. Februar 1972. Markus war gerade sieben Jahre alt.
Nane sechs.

War Olga depressiv?
Nein. Sie hatte nicht mehr Stimmungsschwankungen als andere Frauen auch. War sie mal nicht gut drauf, ging sie in die Stadt, kaufte sich zwei Pullover und alles stimmte wieder. Das war überschaubar. Sie hat auch nie irgendwelche Andeutungen gemacht. Zu der Zeit waren wir mit Karl Winker befreundet, einem der besten Psychiater. Er hatte die berühmte Domnick-Klinik[8] übernommen. Wir waren miteinander Ski laufen oder im Sommer Spargel essen. Olga verstand sich wunderbar mit ihm. Auch ihm ist im Vorfeld nichts aufgefallen.

Gab es keinerlei auffälliges Verhalten?
Es gibt Sekundärmerkmale für veranlagte Suizide: Bei Vollmond gehen Selbstmorde rauf wie ein EKG. In unserem Fall war Vollmond. Die Balkontür im Schlafzimmer musste immer geöffnet sein. „Die Seele musste raus", sagte der Psychiater. Der Schnee fiel bis ins Schlafzimmer. Das alles habe ich später erst nachgelesen. Vielleicht war ich doch nicht stark genug, sie zu halten. Vielleicht geht das auch gar nicht. In Behandlung wollte sie nicht. Vereinzelt wurde mir meine Ahnungslosigkeit auch vorgehalten.

Eine wichtige Rolle spielte unser Nachbar Hannes Klein aus einer hoch angesehenen Familie. Er war ein sehr gebildeter, vermögender, skurriler Typ. Er besaß eine exquisite Sammlung zeitgenössischer Kunst, hatte eine einmalige Jugendstilsammlung von Parfümgläsern. Bei ihm war alles vom Feinsten.

8 Domnick-Klinik - psychiatrische Privatklinik Dr. Domnick in Nürtingen, gegründet vom Psychiater, Filmautor und Kunstsammler Ottomar Domnick (1907-1989)

Er wollte mir immer die Enzyklopaedia Britannica anempfehlen, die müsse man besitzen, alles andere sei belanglos. Ich blätterte und entgegnete ihm: „Da sind 237 Seiten über englische Rugbyspieler drin, die interessieren mich aber nicht so, und das Ganze nimmt mir drei Meter im Bücherregal weg..."

Hannes hat auch jemanden mal einfach in den Arm gebissen, weil ihm danach war. Einen ausgeprägten Adelstick hatte er auch noch. Claus von Amsberg[9] ist bei ihm ein- und ausgegangen, und Prinz Reuß – der züchtete Minibulldoggen. Davon liefen bei ihm immer fünf oder sechs rum, die sich gegenseitig bissen, ein widerliches Getümmel. Aus der Familie Klein kommen wichtige Stiftungen für die Staatsgalerie, zum Beispiel die Bilder von Edvard Munch. Eine Schwester von Hannes war mit Herbert Hirche, der zeitweilig mein Akademierektor war, verheiratet, die andere mit Gerd Hatje[10], dem bedeutenden Kunstverleger. Das waren alles sehr kunstsinnige Menschen.

Das alles erklärt aber noch nicht die Rolle von Hannes Klein für Olgas Entscheidung.
Wenn wir bei Kleins waren, saß Olga oft mit Hannes am Plattenspieler. Sie hörten sich die schweren Sätze der Mahler-Sinfonien an. Das drehten sie so laut auf, dass sich die Nachbarn beschwerten. Hannes Klein war auch an der Studentenrevolution interessiert, Martin Walser[11] und Claus Peymann[12] waren bei ihm zu Gast. Hannes führte ein sehr offenes und kultiviertes Haus.

9 Claus von Amsberg (1926-2002), Diplomat, er heiratete 1966 Beatrix, die Königin der Niederlande und war Prinzgemahl
10 Gerd Hatje (1915-2007), Verleger, er gründete 1947 den Verlag Gerd Hatje für Kunst, Fotografie und Architektur
11 Martin Walser (geb. 1927), Schriftsteller, bekannte Werke: „Ein fliehendes Pferd" 1978 und „Tod eines Kritikers" 2002
12 Klaus Peymann (geb. 1937), Theaterregisseur, Peymann war von 1974-1979 Intendant am Staatsschauspielhaus Stuttgart

Hatten Olga und Hannes eine platonische Beziehung?
Nein, die hatten nur eine affinitive Beziehung, weil beide suizidgefährdet waren. Das stellte sich jedoch erst später heraus. Olga, Markus und ich fuhren zum Skilaufen.

Nane war noch zu klein und blieb zuhause. Eines Morgens klingelte das Telefon, meine Schwiegermutter war am Apparat und teilte mit, in der Zeitung sei eine Todesanzeige von Hannes Klein abgedruckt. Olga wurde wach und fragte, was los sei. Ich sagte: „Hannes Klein ist tot!" Sie ist im Bett ausgeflippt, ich versuchte sie zu beruhigen. Dafür brauchte ich Stunden.

Irgendwann am Ende des Tages war sie soweit, mir alles zu erzählen. Er hatte sie gebeten, mit ihm nach Montevideo zu fliegen. Sie sollten sich dort das Leben nehmen. Olga wollte aber nicht. In seinem Koffer wurden zwei Stricke gefunden...

Das heißt, die beiden haben zumindest miteinander darüber gesprochen, ihrem Leben gemeinsam ein Ende setzen zu wollen.
Sie müssen darüber gesprochen haben, ja.

Dir hat sie nichts von diesen Gesprächen erzählt?
Nein, auch auf Nachfrage hätte sie das vor seinem Tod nicht getan. Das war ihr Ding. Sie deutete auch nie etwas an. Sie hätte auch nicht mit einer halben Rolle Schlaftabletten auf sich aufmerksam gemacht. Sie hatte ja zwei Kinder und viel Zuwendung.

Hannes hatte sich aufgehängt. Vorher hatte er noch eine Tijuana Brass Band für seine Beerdigung geordert. Wir sind in gedrückter Stimmung wieder nach Hause gefahren. Das war im Winter 1971. Ein Jahr später nahm auch Olga sich das Leben...

Hast du seit diesem Winter Angst um sie gehabt?
Natürlich hab ich von da ab auf Symptome geachtet, wenn sie mal in gedrückter Stimmung war. Sie liebte ihre Kinder über alles. Deshalb hielt ich eine konkrete Bedrohung für unwahrscheinlich.

Ich habe gesagt, sie sei so krank, dass wir nicht hingehen könnten. Die Lüge hielt ich einige Tage aufrecht, dann hab ich ihnen gesagt: „Die Mutter ist tot." Das war nicht leicht. Sie ist dann ohne Pastor beerdigt worden. Ich habe am Grab gesprochen.
Olga wurde 32 Jahre alt.

Kannst du über den 28. Februar 1972 sprechen?
Nachmittags hatte ich noch angekündigt, dass am Abend unser Versicherungsmann vorbei kommen wolle. Ich selber kam um halb sieben nach Hause. Die Kinder beschwerten sich: „Wir haben noch nix zum Abendessen bekommen." Ich ging rauf, schaute im Schlafzimmer nach Olga. Dort hockte sie an der Tür zum Balkon mit einem Strick um den Hals zum oberen Scharnier hin. Die Kinder hätten nur ins Zimmer kommen müssen...

Ich hab sie sofort abgeschnitten und den Notarzt gerufen. Der Tod war jedoch längst eingetreten. Der Arzt war unendlich lange da. Ich hatte die Kinder ins Kinderzimmer gebracht, denn ich wollte unter gar keinen Umständen, dass sie die Mutter sehen.

Später habe ich mal den gesamten Tag rekonstruiert: Am Nachmittag telefonierte sie zweieinhalb Stunden mit einem Freund von mir den sie wenig kannte, es ging um bangloses Zeug. Ich habe meinen Bekannten eindringlich darum gebeten: „Bitte erinnere dich!" Es war aber ein harmloses, vor sich hin plätscherndes Gespräch.

Was hast du den Kindern anschließend erzählt?
Ich habe ihnen erzählt, dass Olga ins Krankenhaus musste. Ich habe gesagt, sie sei so krank, dass wir nicht hingehen könnten. Die Lüge hielt ich einige Tage aufrecht, dann hab ich ihnen gesagt: „Die Mutter ist tot." Das war nicht leicht. Sie ist dann ohne Pastor beerdigt worden. Ich habe am Grab gesprochen. Olga wurde 32 Jahre alt.

Wie ist deine Einstellung zur Sterbehilfe?
Solange sie bei absolut unheilbarer Lebensunerträglichkeit und vollem Bewußtsein gewollt ist, sollte man sie gewähren. „Sterbehilfe" unfreiwillig habe ich ja zehn Jahre gehabt und verweigert; eine Hälfte nannte man „Soldatenglück", die andere „Nichtverreckenwollen". Die Chance, zu Tode gebracht zu werden, war weit größer.

Für dich war das schrecklich. Für deine Kinder war es schrecklich. Wie habt ihr das miteinander bewältigt?
Niemand ist drüber hinweg gekommen. Nane hadert bis heute, dass ihre Mutter sie verlassen hat. Markus kam besser drüber weg. Nane lebt schon seit über 20 Jahren in Amerika. Sie arbeitet beim Film. Nane wollte weg hier. Markus und Nane lieben sich innig.

Besuch in Jerusalem anlässlich der Verleihung des internationalen Kunstbuchpreises mit dem Ehepaar des Verlegers Wolf Jobst Siedler

Es bleibt alles so, wie es niemals war

Die Unterstützung von Abgängern der Kunstakademie war Kurt Weidemann ein Anliegen. Er lernt Albert Speer kennen und gestaltet ein Buch. Nach 47 Jahren unfallfreier Fahrt entledigt er sich freiwillig des Führerscheins, erklärt, was ein gutes Zeichen ist und was das mit der Taktik eines Boxers zu tun hat.
Zwischendurch lernt er: Sieg ist, wenn die Kugel ins Rohr zurückkehrt, bringt einer Polizistin das Schreiben bei und befreundet sich mit dem DDR-Vorzeigegrafiker Werner Klemke. Schließlich freut er sich über eine Ehrenurkunde, unterschrieben von Dr. Hans Filbinger und begegnet Alfred Herrhausen. Die enge Verbindung zum Vorstandsvorsitzenden der Deutschen Bank hält bis zu dessen Ermordung 1989.

1978 wurde in Stuttgart das Künstlerhaus gegründet. Du bist damals zum ersten Vorsitzenden gewählt worden. Stand dein Engagement in Zusammenhang mit der Akademie?
Eine Gruppe um Uli Bernhardt[1] hatte die Idee. Von ihm stammt übrigens die berühmte Parodie auf den Bahnslogan „Alle reden vom Wetter, wir nicht" mit Marx, Engels und Lenin. Nach dem Examen, verfügten die Künstler über keine Werkstätten und Materialien mehr. Dem wollten die Gründer des Künstlerhauses etwas entgegensetzen. Bernhardt wurde auch der erste Geschäftsführer des Künstlerhauses.

    Im Stuttgarter Westen, in der Reuchlinstraße 4, gab es ein städtisches Gebäude. Die ein Künstlerhaus gründen wollten, hatten das besetzt. Es war das geeignete Haus für Produktionsstätten und Ausstellungsmöglichkeiten. Die Voraussetzungen waren also gut, jetzt musste aber irgendeine Form der Legalisierung her. Ich sollte sie dabei unterstützen.

1 Uli Bernhardt, Künstler, war 1978-1986 Geschäftsführer des Künstlerhauses in der Reuchlinstraße

Das Künstlerhaus erhoffte sich also durch deine Hilfe das Wohlwollen der Stadt?
Künstler, die von der Kunstakademie abgehen, brauchten keine arbeitslosen Sozialhilfeempfänger werden, wenn sie hinterher über die Produktionsmittel der Werkstätten verfügen. Wir haben mit städtischer Hilfe Werkstätten für Lithografie, für Film und Ton eingerichtet. Das gab es in dieser Form an der Akademie nicht. Ich hatte mich schon sehr früh darum vergeblich bemüht, auch das Fach Film an der Akademie zu etablieren. Weil es keine klassische Kunst war, wurde es als überflüssig betrachtet. Erst viele Jahre später kam es zur Gründung der Filmakademie in Ludwigsburg, der Merz Akademie und der Hochschule der Medien.

Schließlich habe ich namhafte Fachleute aus der Stadt dafür gewonnen, das Projekt zu unterstützen. Dabei war Dr. Dieter Blessing[2], bis er Wirtschaftsbürgermeister wurde, und Dr. Zügel. Er hat mir aus der Landesgirokasse einen „Geldverwalter" geschickt, der bei uns die Kasse kontrollierte. Die Landesgirokasse stellte darüber hinaus einen großzügigen Betrag für die Renovierung des Gebäudes zur Verfügung.

Lass uns den Bogen weiter spannen. Du hast in diesen Jahren auch Albert Speer kennen gelernt...
Albert Speer[3] arbeitete damals mit Wolf Siedler und Joachim Fest[4] an seinem „Spandauer Tagebuch". Über seine Architektur habe ich dann ein Buch gemacht. Speers Architektur war damals ein Ausdruck internationalen Zeitgeistes.

Er stammte aus einer vermögenden Mannheimer Baumeisterfamilie. Sein Sohn – der ebenfalls Albert Speer heißt – ist noch heute ein weltweit beschäftigter Städtebauer mit einem großen Büro in Frankfurt.

Wie ist das mit der eigenen Vergangenheit, spielt die in solchen Situationen eine Rolle?
Meine Vergangenheit holt mich immer wieder ein. Kürzlich war ich mit Freunden in Hamburg unterwegs – im „Klostereck", abends auf ein Bier. Sie brachten einen weißhaarigen Herren mit, der sich mir als „Dietrich" vorstellte. Ich fragte beiläufig:

---

2 Dr. Dieter Blessing, Wirtschaftsbürgermeister der Stadt Stuttgart 1992 bis 2003
3 Albert Speer (1905-1981), Architekt, war ab 1937 Generalbauinspektor für die Reichshauptstadt, 1942 ernannte Hitler ihn zum Reichsminister für Bewaffnung und Munition, bei den Nürnberger Prozessen wurde er 1946 zu 20 Jahren Haft verurteilt
4 Joachim Fest (1926-2006), deutscher Zeithistoriker, Publizist und Autor, Hitler-Biograf und von 1973 bis 1993 FAZ-Herausgeber

„Sepp Dietrich?" Das sei sein Vater gewesen, sagte er. Sepp Dietrich[5] war der Fahrer von Hitler. Bekannt wurde er als Kommandeur einer Waffen-SS-Division, die wir wegen ihrer Qualitäten an der Nordfront in Russland gerne als Nachbarn hatten.

Zurück zu Albert Speer. Über was habt ihr euch bei den Treffen mit Siedler und Fest unterhalten?
Über seine 20 Jahre Haft in Spandau und über seine Architektur. Wenn man die Admiralität in Washington und das Verteidigungsministerium in England betrachtet, dann sehen beide aus wie Bauten nach Plänen von Albert Speer, wenngleich ohne Hoheitsadler und Hakenkreuz.
Speer pflegte also den internationalen Stil seiner Zeit. Speers Frau erzählte bei einem Besuch: „Hitler hat gar nicht gewusst, dass wir verhciratet waren!" Bei Sepp Dietrich war Hitler Trauzeuge, bei seinem Baumeister ignorierte er, dass es in seinem Leben eine Frau gab.

Hitler hätte es wissen müssen, Speer war mit seiner Familie auch auf dem Obersalzberg in Berchtesgaden zu Besuch. Aber es war ja bekannt, dass Hitler ein beinahe schwärmerisches Verhältnis zu Albert Speer hatte.

Wie hat Speer über Hitler gesprochen?
Er hat Hitler in den Gesprächen über sein Architekturbuch nicht erwähnt.

Wie hast du Albert Speer als Persönlichkeit wahrgenommen?
Als einen kühlen, klugen, korrekten und gebildeten Herrn.

5 Sepp Dietrich (1892-1966), Befehlshaber der „Leibstandarte SS Adolf Hitler", Generaloberst der Waffen-SS

Habt ihr über Schuld gesprochen, über den Holocaust?
Mit mir kein Wort.

War die „Welthauptstadt Germania"[6] Thema eurer Gespräche?
Ja, er erzählte, sein Büro hatte etwa 30 Mitarbeiter, was bei den Aufgaben, die er ab 1941 bewältigen sollte – und bewältigte, minimal war. Mit den wenigen Mitarbeitern hatte er begonnen, Nürnberg zur Stadt der Reichsparteitage aus- und Berlin umzubauen. Umgesetzt waren schon die Enteignungen für den großen Kuppelbau, in dem Hanna Reitsch[7] mit ihrem Flugzeug rum fliegen sollte. Gegen diese Pläne war der Petersdom ein kleiner Bruder. Mir war bis dahin gar nicht so bewusst, dass im Kuppelbau 160.000 Menschen Platz finden sollten.

Albert Speer stand später vor dem Nürnberger Kriegsgericht...
Speer wurde 1944 nach dem Tod von Fritz Todt[8] von Hitler zum Rüstungsminister ernannt. Angeklagt wurde er wegen der Ausbeutung der Zwangsarbeiter in der Rüstungsindustrie. Speer betonte, er wollte diese Aufgabe nie übernehmen. Aber Hitlers Befehl war Befehl.

Speer hat nach dem Ende des Nationalsozialismus nie mehr gebaut?
Nach seiner Haft lebte er zurückgezogen im Sommerhaus seiner Familie in Heidelberg. Mit ihm, Joachim Fest und Wolf Siedler haben wir dort Abschlussgespräche zu seinen „Spandauer Tagebüchern" gehabt.

Wie ist es, mit all diesen berühmten Menschen zusammen zu sein?
Ach, das kann manchmal recht uninteressant sein, wenn man gesehen hat, „wie die Heldenväter hinter der Bühne ihre Rettiche essen", wie es in „Das einfache Leben" von Ernst Wiechert[9] heißt.

Welche Begegnungen hast du als wirklich interessant in Erinnerung?
Zum Beispiel die mit Kollegen aus der DDR. Wegen meines Disziplinarverfahrens sind sie in der DDR

---

6 Welthauptstadt Germania – Berlin sollte zur Hauptstadt des „großgermanischen Weltreiches" ausgebaut werden und in „Germania" umbenannt werden

7 Hanna Reitsch (1912-1979), Fliegerin, sie gilt als bekannteste und erfolgreichste weibliche Fliegerin

8 Fritz Todt (1891-1942), Generalinspektor für das deutsche Straßenwesen, SA-Obergruppenführer, Todt leitete den Bau der Reichsautobahnen

9 Ernst Wiechert (1887-1950), Schriftsteller, Wiechert gehörte zu den meist gelesenen Autoren seiner Zeit, des Widerstands bezichtigt, musste er vier Monate im Konzentrationslager Buchenwald verbringen

auf mich aufmerksam geworden. Ich war als guter Typograf bekannt, und Leipzig sah sich nach wie vor als „Weltstadt des Buches". Wenn dort Jurys tagten, wurde ich als einziger aus Westdeutschland eingeladen.

Der Grund war, ich galt als guter Fachmann und war ein Oppositioneller, der im Westen für ein bisschen Aufregung gesorgt hatte. So kam ich auch wieder mit Jan Tschichold[10] in Warschau zusammen. Er galt als der Papst der Typografie. Tschichold war in den zwanziger Jahren kommunistisch angehaucht gewesen und dafür später in der DDR hoch angesehen: Iwan Tschichold nannte er sich.

Wegen meines Disziplinarverfahrens sind sie in der DDR auf mich aufmerksam geworden. Ich war als guter Typograf bekannt, und Leipzig sah sich nach wie vor als „Weltstadt des Buches". Wenn dort Jurys tagten, wurde ich als einziger aus Westdeutschland eingeladen.

Bei welchem Anlass hast du ihn kennen gelernt?
Ich kannte ihn schon aus meiner Druckspiegelzeit. Wir trafen uns 1975 bei einem Plakatwettbewerb in Warschau zum Thema „30 Jahre Sieg über den Faschismus" wieder. Ich saß mit Wim Crouwel[11] aus Amsterdam und Werner Klemke[12] aus Ostberlin in der Jury. Mit Klemke verband mich eine lange Freundschaft. Bei ihm war ich oft zuhause in Weißensee eingeladen.

Einmal kam ich an, da packte er gerade eine Kiste mit Meißner Porzellan aus. Damit wollte ihn die Meißner Porzellanmanufaktur freundlich daran erinnern, dass er zum 175jährigen Bestehen ein Plakat machen sollte... Er hatte den Abgabetermin zweimal überschritten. Ich sagte: „Wenn du das bei uns machst, dann bist du weg vom Fenster. Bei euch bekommt man dafür noch eine Kiste voll Meißner Porzellan." Wir gingen in seine umfangreiche Bibliothek, er zieht ein Standardwerk zu Meißner Porzellan heraus und findet einen Kandler-Hahn. „Das ist das Plakat und drunter steht: 175 Jahre Meißner Porzellan", sagte er. Der Auftrag war erledigt.

10 Jan Tschichold (1902-1974), Kalligraf, Typograf, Plakatgestalter, Autor und Lehrer, als seine wichtigste Schriftentwicklung gilt die Sabon-Antiqua
11 Wim Crouwel (geb. 1928), Grafiker und Typograf, er ist ein einflussreicher Gestalter in Holland
12 Werner Klemke (1917-1994), bedeutender und angesehener Gebrauchsgrafiker, Buchgestalter und Illustrator in der DDR

Worum ging es bei dem Wettbewerb in Warschau?
14 international ausgewählte Juroren sollten entscheiden, welcher der eingereichten Plakatentwürfe den Preis für die beste Darstellung des Sieges über den Faschismus 30 Jahre zuvor erhalten sollte. Über die Hälfte der Juroren waren linke Linientreue des Ostblocks, darunter eine Professorin für Marxismus-Leninismus aus Belgrad. Zwei Plakate waren schließlich in die engere Auswahl gekommen. Auch die Marxistin-Leninistin aus Belgrad entschied sich für den Entwurf des japanischen Plakatkünstlers Shigeo Fukuda. Der zeigte auf gelbem Grund rechts unten und links oben eine Kanonenkugel. Die Idee: Die Kugel fiel rückwärts ins Kanonenrohr und drunter stand „Victory". Ein wunderbares Plakat. Ein Sieg ist, wenn die Kugel ins Rohr zurückkehrt. An diesem Motiv kann man mit 200 Stundenkilometer vorbeifahren und man versteht es.

Was zeigte der andere Entwurf?
Der kam von dem Budapester Grafiker Geörgy Kemeny: ein Passbild seiner Mutter aus ihrem Straßenbahnausweis, darunter ein Text: „Ich heiße Geörgy Kemeny, ich bin Jude und Grafiker und lebe in Budapest. Als ich sechs Jahre alt war, sollten wir am Donau-Ufer von Deutschen erschossen werden. Eine Staffel russischer Kampfflugzeuge vertrieb das Exekutionskommando. Meine Mutter weint immer noch, wenn sie heute davon spricht."
Das war ein ganz andersartiges Plakat, ein persönliches Schicksal. Abends haben wir bei unserem polnischen Gastgeber reichlich Wodka getrunken. Die Russen verstanden überhaupt nicht, weshalb wir das ungarische Plakat gut fanden. „Einzelschicksale interessieren uns nicht", sagten sie. Ihnen gefiel die rote Fahne auf dem Reichstag in Berlin mit russischen Soldaten. Oder Panzer, die das Hakenkreuz zermalmen.

50. Geburtstagsfeier von Werner Tübke in seiner Leipziger Villa

Und der Entwurf des Japaners, hat der ihnen gefallen?
Unseren Favoriten haben sie gar nicht verstanden. Aber wir hatten leider keine Mehrheit. Juryvorsitzender war der stellvertretende Vorsitzende der Kommunistischen Partei Italiens, Renato Guttuso, ein Künstler, der im Rolls Royce ankam und mit einer Herzogin verheiratet war. Der sagte über den Favoriten der Russen, also Rotarmisten, Rote Fahne, Reichstag, tote deutsche Soldaten: „Tauscht doch einfach mal die Stahlhelme aus! Ist das dann immer noch ein gutes Plakat?"

Unser Fussel-Vize ist zu diesen DDR-Funktionären gegangen und hat sie – Küsschen, Küsschen – abgeknutscht. Sein Flauschpullover hinterließ auf jedem der schwarzen Anzüge Fusseln. Das hat er irgendwann bemerkt und hatte einen Heidenspaß daran, die Anzugträger vollzufusseln.

Wer hatte den Wettbewerb ausgeschrieben?
Die Warschauer Pakt-Staaten. Damit sich überhaupt westliche Grafiker daran beteiligten, waren so Juroren wie ein linker Kollege aus Kanada und eben Kurt Weidemann dabei.

Gab es wenigstens ein ordentliches Honorar?
Ein kleines Honorar habe ich bekommen. Immerhin waren wir jeden Abend auf einem Empfang in einem der schönen Schlösser, die Napoleon seinen polnischen Adelsgeliebten als Dank hat bauen lassen. Die gehörten mittlerweile zum polnischen Kulturministerium.

Gab es auf diesen Wettbewerb eine Resonanz in Westdeutschland?
Nein, hier war das überhaupt kein Thema.

Welches Plakat hat denn nun gewonnen?
Die haben dann die Rote Fahne auf dem Reichstag genommen. Wir, also Crouwel, Klemke und die Belgrader Professorin, haben allerdings nicht dafür gestimmt.

Warst du noch öfter in der DDR?
1972 wurde ich Präsident der Icograda, dem International Council of Graphic Design Associations, dem Dachverband der Grafiker-

verbände weltweit. Wir hatten Kontakte in den Osten. Als Präsident wurde ich nach Ost-Berlin eingeladen. Von der Alliance Graphique Internationale, der AGI, gab es eine Internationale Plakatausstellung unserer Topmitglieder, die Ost-Berlin gerne zeigen wollte. Auch, um DDR-Grafiker in die Organisation einzubringen. Wir führten im Vorfeld in London viele Gespräche. Schließlich sollte in Ost-Berlin ausgestellt werden. Dann erfuhren wir, dass die DDR-Veranstalter die Ausstellung nachjuriert und Plakate aus Israel entfernt hatten. Das war gegen alle Absprachen. Wir drohten damit, die Ausstellung wieder einzupacken. Sie wurde dann, wie von uns konzipiert, eröffnet.

Ich habe auch John Heartfield kennen gelernt. Das bedeutete mir sehr viel. Er war ein Denkmal. Bekannt wurde er Anfang der 30er Jahre durch seine Plakate gegen Hitler.

Bei der Eröffnung waren zahlreiche SED-Funktionäre anwesend. Viele zwischen 75 und scheintot. Der eingeladene Vizepräsident des sowjetischen Künstlerverbandes war allerdings auffallend anders. Er war 38 Jahre alt, trug einen Fusselpullover und war kollegial gesprächig. Wie der es geschafft hatte, Vizepräsident zu werden, ist mir bis heute rätselhaft. Wir haben uns gut verstanden, und trinkfest war er auch! Die DDR-Funktionäre kamen alle im schwarzen Anzug mit Krawatte, die Frauen trugen Persianerjäckchen. Unser Fussel-Vize ist zu diesen DDR-Funktionären gegangen und hat sie – Küsschen, Küsschen – abgeknutscht. Sein Flauschpullover hinterließ auf jedem der schwarzen Anzüge Fusseln. Das hat er irgendwann bemerkt und hatte einen Heidenspaß daran, die Anzugträger vollzufusseln. Zwischendurch kam er immer zu mir, wir stießen an, nickten einander zu, er marschierte wieder los und fusselte den Nächsten voll. Er hat sie dermaßen verscheißert, es war herrlich.

Ist der DDR-Verband in die Icrogada aufgenommen worden?
Einzelne Vertreter gelegentlich als Gast, der Verband jedoch nicht. Nach dem Mauerfall wurden dann einige Kollegen aufgenommen.

Warum nicht vorher?
Es war politisch nicht machbar. Die DDR wollte selbst die Auswahl unter ihren Linientreuen treffen.

Mit wem warst du – außer mit Klemke – in der DDR noch bekannt?
Mit Klaus Gysi[13] dem Vater von Gregor Gysi, der war damals Kultusminister und wurde später Botschafter der DDR beim Vatikan. Intelligent und hoch gebildet. Ich habe auch John Heartfield[14] kennen gelernt. Das bedeutete

mir sehr viel. Er war ein Denkmal. Bekannt wurde er Anfang der 30er Jahre durch seine Plakate gegen Hitler.

Er bemühte sich sehr, mir beizubringen, dass man als Jude auch Kommunist sein kann. Wir waren bei seinem Bruder Wieland Herzfelde[15] zu Gast, dem Gründer des Malik-Verlags, ein eleganter Grandseigneur.

Mein Kontrollorgan sitzt in meinem Kopf und Herz, nicht bei der Stasi oder beim Verfassungsschutz. Ich habe nur einen Vorgesetzten, das bin ich selbst.

Was zeichnete deine Freundschaft zu Werner Klemke aus?
Klemke hatte trotz kritischer Einstellung ein hohes Ansehen in der DDR, war aber auch international kein Unbekannter. Ich war der einzige Westler, der berufliche Beziehungen zu ihm pflegte. Das freute unseren Verfassungsschutz nicht besonders. Davon habe ich hintenrum erfahren.

Ich habe für seine Töchter Strümpfe und Bohnenkaffee für seine Frau mitgebracht. Beim Grenzkontrollübergang Friedrichstraße gab's auch mal Probleme: „Das müssen sie hier verzollen! Das ist Ware, die sie in die Deutsche Demokratische Republik einführen." Das musste dann mit 30 Prozent in D-Mark eins zu eins verzollt werden, damit war alles mehr als doppelt so teuer. „Wissen Sie was, dann schmeiße ich das dort in den Papierkorb", sagte ich. „Das geht nicht!", entgegnete der DDR-Grenzer: „Sie haben die Ware hier vorgeführt, dann wird die auch verzollt." Vor

13 Klaus Gysi (1912-1999), Minister für Kultur und Staatssekretär für Kirchenfragen der DDR
14 John Heartfield (1891-1968), Maler, Grafiker, Fotomontagekünstler und Bühnenbildner, Haertfield ist der Erfinder der politischen Fotomontage
15 Wieland Herzfelde (1896-1988), Publizist, Autor und Verleger, er war Präsident des PEN der DDR und Mitglied in der Akademie der Künste der DDR

der Rückfahrt, stets vor zwölf Uhr nachts, gab mir Klemke Bücher für meine Kinder mit Widmungen von ihrem „Onkel Werner" mit. Die Bücher musste ich wiederum trotz Widmung als ausgeführte Ware in D-Mark verzollen. So lief das.

Hast du auch eine persönliche Stasiakte?
Mit Sicherheit haben sie eine angelegt. Ich war ja häufig in Leipzig und Berlin. Die interessiert mich aber nicht, weil ich nicht glaube, dass ich besonders spannend bin. Beschnüffelt wurde jeder.

Interessiert dich gar nicht, was andere über dich berichtet haben?
Das ist mir egal. Mein Kontrollorgan sitzt in meinem Kopf und Herz, nicht bei der Stasi oder beim Verfassungsschutz. Ich habe nur einen Vorgesetzten, das bin ich selbst. Wenn ich bei Präsentationen gefragt wurde: „Machen Sie eigentlich nie ein Brainstorming?", antwortete ich: „Doch, mit mir selbst. Dann bin ich immer derselben richtigen Meinung wie ich."

Durften deine Kollegen aus der DDR dich auch hier besuchen?
Werner Tübke[16] war öfter bei mir. Ich habe ihn während einer Jury in Leipzig und später in Brno, in der damaligen Tschechoslowakei, kennen gelernt.

SED-Parteivertretern habe ich nach ein paar Bier gesagt: „Der großartige Tübke malt genauso gut wie van Eyck, aber den hat er noch nie sehen können, weil ihr ihn noch nie nach Belgien gelassen habt!" Später durfte er reisen.

Tübke besuchte dich auch in Stuttgart – bestand bei ihm keine Fluchtgefahr?
Nein, Werner Tübke hat im Westen gut verkauft, etwa an die Sammlung Ludwig. Er bekam nur ein Zehntel des Honorars in der Währung des Landes, in das er verkauft hatte. Neun Zehntel kassierte der Staat. Damit war er zuhause trotzdem ein Krösus. Einen Führerschein besaß er nicht, aber er hatte einen Volvo und bekam immer einen Fahrer mit, einen Stasimann. Das machte auch Sinn, weil er selten nüchtern war. Für DDR-Verhältnisse ging's ihm also gut. Einmal sollte der Fahrer im Vorraum unserer Wohnung warten. Ich bat Tübke: „Werner hol den rein!" Der

16 Werner Tübke (1929-2004), Maler und Grafiker, einer der bedeutendsten Künstler der DDR. Tübke war ein früher Vertreter der Leipziger Schule

Fahrer war ein netter, junger Typ. Ich fragte ihn, ob er vielleicht einen Wunsch habe. Einmal Porsche fahren wollte er, und Musik von Elvis Presley, das waren seine großen Wünsche. Am nächsten Morgen bin ich mit ihm auf die Solituderennstrecke. Er fuhr meinen Porsche, als sei er nie was anderes gefahren. Danach sind wir in die Stadt, ich habe ihm Elvis Presley mitgegeben. Als Werner im nächsten Jahr wieder zu Besuch kam, hatte er einen neuen Fahrer, der vorherige war abgelöst... Vermutlich hat er zuviel vom Westen geschwärmt. Werner kam ziemlich angetrunken an. Wir umarmten uns, und seine Worte waren: „Es bleibt alles so, wie es niemals war."

Auf die Frage der Polizistin: „Warum sind sie zu schnell gefahren?", antwortete ich: „Es lief grad so gut." „Das kann ich nicht schreiben", meinte sie. „Lief schreibt sich l, i, e, f", sagte ich.

Eine ganz andere Frage: Wie oft haben sie dir eigentlich den Führerschein abgenommen?
Zwei- oder dreimal.

Nicht öfter?
Das reicht doch. Ich habe meinen Führerschein übrigens im Herbst 2005 aus eigenem Entschluss zurückgegeben. Vorher hatte ich einen Psychologen vom Amt für öffentliche Ordnung kennen gelernt, der Führerscheintests macht. Von 160 Punkten, die man zur Fahrerlaubnis braucht, hab ich noch 149 geschafft. Er hat mich gelobt: Für mein Alter sei das sehr gut. Ich habe den Test wiederholt, da hatte ich nur noch 144 Punkte. Da hab ich gesagt: „Aus Schluss!" Meinen Sohn Steffen bat ich, „hol' den Schlitten ab!". Mein Sohn fand meinen Entschluss sehr vernünftig. Ich bin 47 Jahre unfallfrei Porsche gefahren.

Wann bist du das letzte Mal an die Polizei geraten?
Eine Kontrolle an der Neuen Weinsteige in Stuttgart. Auf die Frage der Polizistin: „Warum sind sie zu schnell gefahren?", antworte ich: „Es lief grad so gut." „Das kann ich nicht schreiben", meinte sie. „Lief schreibt sich l, i, e, f", sagte ich. Zum Glück konnte sie darüber lachen und ließ mich weiterfahren. In Winnenden wurde ich mal während der Faschingszeit rausgeholt. Alle Nebenstraßen

waren gesperrt. Wie in eine Fischreuse bin ich da in die von weitem sichtbare Kontrolle rein gefahren: Fenster runter, Papiere zeigen. Der Polizist hat in meinen Papieren geblättert und geblättert. Ich wollte dringend irgendwas sagen, damit nicht der Eindruck entstand, ich sitze als Schnapsleiche hinterm Steuer. Also sagte ich: „Das Wasser ist trüb, die Luft ist rein, Franz-Josef muss ertrunken sein." Ein Zitat von Otto Waalkes[17], da hat er gelacht und ließ mich weiterfahren. Ich hatte sicher das eine oder andere Promille.

Nenne doch bitte ein paar wichtige Stationen deiner Laufbahn.
Die Eisenbahnfahrt von der unteren Wolga nach Friedland zur Heimkehrentlassung. Den Aufbau der Hochschule für Unternehmensführung WHU in Koblenz. Eine Ehrenurkunde – unterschrieben von Herrn Hans Filbinger[18], es freue ihn besonders, dass ich dem Staat mehr als 20 Jahre treu gedient habe. Den „Goldenen Oswin". Das Bundesverdienstkreuz Erster Klasse, empfangen von Bundespräsident Herzog in Berlin. Die Ehrensenatorenschaft der Staatlichen Akademie der bildenden Künste in Stuttgart. Die bedeutenden Stationen sind meine Arbeit zwischen diesen Äußerlichkeiten.

Lass uns über Alfred Herrhausen sprechen. Er war einer deiner wichtigsten Freunde, wie habt ihr euch kennen gelernt?
Ich kenne einen Kollegen, Friedrich Georg Bös. Er nennt sich mittlerweile zweisilbig Bo-es. Seine Karriere begann er als Krawattenzeichner. Er war sehr

---

17 Otto Waalkes (geb. 1948), Komiker, Comiczeichner, Sänger und Schauspieler, seit 1973 fester Bestandteil des kulturellen Lebens in Deutschland

18 Dr. Hans Filbinger (1913-2007), Jurist, 1966 bis 1978 Ministerpräsident in Baden-Württemberg, er trat zurück, nachdem bekannt wurde, dass er als Marinerichter noch 1945 Todesurteile gefällt hatte

 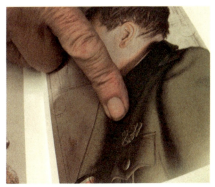

begabt und ehrgeizig, hatte aber keine Akademieausbildung. Bös wohnte im Schloss Casparsbroich in Haan bei Düsseldorf.

Das Schloss bewohnte er, im Kutscherhaus wohnte ein Banker. Eines Abends kamen wir fröhlich vom Italiener aus Düsseldorf zurück und an besagtem Kutscherhaus vorbei. Da guckte der Banker nach dem Wetter und sagte: „Kommt doch noch mit rein!" Er machte den Eindruck, als sei er der Sparkassenleiter von Haan. Es war aber Alfred Herrhausen.

Das war Anfang der siebziger Jahre. Meine Einstellung zu Banken habe ich gleich preisgegeben: „Wenn ich zuviel Geld habe und es euch gebe, bekomme ich drei Prozent Zinsen. Wenn ich zuwenig habe und euch anpumpe, kostet es zehn Prozent. Und von den sieben Prozent Unterschied lebt ihr ganz gut." Er hat sich das geduldig angehört: „Wenn dieser seltsame Vogel aus Stuttgart noch mal kommt, sag mir Bescheid", teilte er Boes danach mit.

Boes war auf Aufträge von Herrhausen erpicht. Später erst habe ich erfahren, dass Herrhausen im Vorstand der Deutschen Bank sitzt. Nach einigen Besuchen begann eine Freundschaft, die bis zu seiner Ermordung stetig enger wurde. Herrhausen war nie ein Kumpel, aber er war zur Freundschaft im besten Sinne befähigt. Sein Bekanntenkreis war eher klein. Manchmal wurde in Bad Homburg ein Musikabend gegeben. Meistens haben Solisten gespielt. Es gab immer nur wenige befreundete Gäste, zum Beispiel der Ostbeauftragte der deutschen Wirtschaft, Otto Wolf von Amerongen[19] oder Leo Kirch[20]. Dazu gehörte der Pater aus dem Hause

19 Otto Wolf von Amerongen (1918–2007), Unternehmer, Amerongen war u.a. Präsident der Deutschen Industrie- und Handelskammern und 1955 bis 2000 Vorsitzender des Ostausschusses der Deutschen Wirtschaft
20 Leo Kirch (geb. 1926), einflussreicher Medienunternehmer in Deutschland

Henckel von Donnersmarck[21]. Er war eine Art Botschafter des Vatikans bei der Bundesregierung und hat bei Herrhausens Beerdigung gesprochen.

Was hat Alfred Herrhausen und dich verbunden?
Wir haben uns über Sinn und Werte, über Mut und Haltung ausgetauscht, über Sir Karl Popper[22] und seine Toleranzphilosophie. Nach seiner Ermordung meldeten sich einige Autoren, die über ihn schreiben wollten. Seine Frau Traudl entschied jedoch aufgrund unserer intensiven Freundschaft, seine Reden und Aufsätze von mir herausgeben zu lassen. Er war ein zutiefst ethischer und weit blickender Mensch. Für Deutschland ist sein Tod ein schwerer Verlust.

Man gewinnt den Eindruck, du hast bei Herrhausens zur Familie gehört. Ist das richtig?
Ich glaube ja, jedenfalls war ich an seinem 50. Geburtstag dabei. Traudl hatte ein Dutzend Persönlichkeiten zu einem Überraschungsabend eingeladen: Banker, Industriefürsten, Freunde. Die Atmosphäre war zunächst sehr steif, bis der erste fragte: „Wie hat denn eigentlich heute der 1. FC Köln gespielt?" Dann ging's los: Schiedsrichter wurden verurteilt, Trainer ausgetauscht und Spieler ge- und verkauft, die Nationalmannschaft neu zusammengestellt... bis Alfred völlig ahnungslos mit seinen Aktentaschen bepackt von der Arbeit kam.

Du sagtest er sei ein hochmoralischer Mensch gewesen. Was hat man darunter zu verstehen?
Es sprach oft über die Verantwortung der Banken und der Konzerne und über die Entschuldung der Dritte-Welt-Länder. Ich habe 30 Aktenordner durchgearbeitet mit Reden und Aufsätzen, seinen Neujahrsansprachen, sie waren handgeschrieben und sehr gründlich ausgearbeitet. „Denken, ordnen, gestalten" ist sein gedanklicher Nachlass.

Die Deutsche Bank war in der Politik aber nicht unumstritten?
Damals unumstrittener als heute. Zu seinen Leistungen gehörte, dass er als erster eine Filiale in

21 Die Familie Henckel von Donnersmarck – altschlesisches Adelsgeschlecht, derzeit bekanntester Nachfahre ist Florian Henckel von Donnersmarck, Oskar Preisträger 2007
22 Sir Karl Popper (1902-1994), Philosoph, Popper hat mit seinen Arbeiten u.a. auch den so genannten Kritischen Rationalismus begründet

Moskau eröffnete, als erster die Dritte Welt entschulden wollte und teilweise auch entschuldet hat. Um die Vergangenheit der Deutschen Bank im Dritten Reich zu beleuchten, hat er Historiker beauftragt, dieses Kapitel der Deutschen Bank zu bearbeiten.

Oft kam ich freitagabends zu Besuch und bin am nächsten Tag nach Koblenz an die WHU zum Samstagsunterricht weiter gefahren. Der Fahrer holte uns in Bad Homburg ab. Er legte morgens einen Stapel Zeitungen auf den Rücksitz und die haben wir durchgeblättert und gelesen. Es wurde nicht mehr viel geredet.

> *Später erst habe ich erfahren, dass Herrhausen im Vorstand der Deutschen Bank sitzt. Nach einigen Besuchen begann eine Freundschaft, die bis zu seiner Ermordung stetig enger wurde. Herrhausen war nie ein Kumpel, aber er war zur Freundschaft im besten Sinne befähigt.*

Hattest du mal einen Auftrag der Deutschen Bank?
Nein, nie. Das wollte ich auch nicht. Es gab keine geschäftlichen Abhängigkeiten. Ich hätte auch nie zugelassen, dass wir darüber reden. Dennoch haben wir Meinungen über Werbung und Auftritt der Bank und über Daimler-Benz ausgetauscht.

Hättest du gerne für ihn gearbeitet?
Sicher, die Freundschaft war mir aber wichtiger. Ich wollte auch keine Kollegen verdrängen.

In Berlin hast du dann aber für eine Bank gearbeitet?
Die in Planung befindliche Bankgesellschaft Berlin hatte mich aufgefordert... Ich hab ja selbst nie akquiriert.

Damals war die Bankgesellschaft Berlin eine ehrenwerte Bank – oder?
Klaus-Rüdiger Landowsky[23] war Chef der Hypothekenbank, eine der drei Fusionsbanken. Ich habe mich für die neue Marke auf meine Arbeit konzentriert und einfach die Hausfarben der Banken genommen. Rot für die Sparkasse, gelb für Berliner Bank und blau für die Hypothekenbank. Die drei schließen sich zusammen und gehen hinterher wieder einzeln in den Markt. Sie wollten eine starke Investmentbank sein. Das Einzelge-

---

23 Klaus-Rüdiger Landowsky (geb. 1942), Politiker, er war 1993 bis 2000 Vorstandsvorsitzender der BerlinHyp-Bank AG, überregional bekannt wurde er im Zuge des Berliner Bankenskandals 2001

Das Zeichen der Berliner Bank: Ein Zeichen ist gut, wenn man es mit dem großen Zeh in den Sand kratzen kann

schäft hat jede weiter für sich betrieben. Meine Aufgabe war, dies mit einem Zeichen zu visualisieren. Landowsky hatte eigentlich eine Agentur damit betraut.

Diese Agentur spendete angeblich 50 Prozent von jedem Auftragshonorar der CDU-Fraktion im Berliner Senat. Sie flog jedoch in der ersten Wettbewerbs-Runde raus. Dann erst wurde ich hinzugezogen. Nach mir präsentierte die Agentur aber doch noch mal: Überraschenderweise sah deren Entwurf meinem verblüffend ähnlich... Irgendwoher wussten sie, was ich gemacht hatte. Seinen Vorstandskollegen war das dann aber doch ein bisschen zuviel des Guten.

Das kann man ja nicht unbedingt ein sauberes Verfahren nennen. Wie hast du davon erfahren?
Das hat mir der Pressechef der Bank erzählt. Er hatte mich ins Hotel zurückgeschickt, weil die Entscheidung noch eine Stunde dauern werde. „Danach kaufen wir uns eine schwarze Armbinde und trinken Grappa." Er glaubte zu diesem Zeitpunkt, das läuft

wie immer. Dann kam er jedoch bereits nach einer halben Stunde und sagte: „Das Plagiat hat sich der Vorstand von Landowsky nun doch nicht aufschwatzen lassen." Ich habe geantwortet: „Der Grappa ist schon bestellt!"

Dein Zeichen für die Berliner Bankgesellschaft untermauert deine These, ein Zeichen oder ein Logo muss so einfach sein, dass man es mit dem großen Zeh in den Sand kratzen kann?
Exakt. Mit dem Bankzeichen, drei sich kreuzende Balken, geht das auch. Nach der Pleite der Bankgesellschaft fragten mich meine Kollegen: „Welchen Konzern richtest du jetzt gerade zugrunde?"

Das Einfache musst du jetzt auch am Beispiel der Deutschen Bahn erklären?
Das geht leider nicht so leicht, denn Buchstabenmarken können nicht einfach sein, weil sie sich unterscheiden müssen. Sie sind dafür ein schlechtes Beispiel.

Die Ausschreibung lautete: „Auf der gleichen Fläche mit abgerundeten Ecken und mit den Farben rot und weiß die beiden Buchstaben D und B unterzubringen". Kein neues Zeichen, also auch kein großer Zeh im Sand. Es gab eine begrenzte Ausschreibung für sieben Teilnehmer. Ich war einer davon. Das alte Zeichen bestand aus weißen Buchstaben in einem roten Feld. Das neue bekam größere rote Buchstaben in einem weißen Feld. Damit hatte ich den Auftrag. Das muss jeder Student im vierten Semester können.

Deutsche Bahn vorher...   ...nachher

Farben umdrehen – das kann ja jeder. Was zeichnet deine Idee aus?

Die Bahn hatte damals 67 Milliarden Mark Schulden. Da denkt man ökonomisch. Nach der Veröffentlichung fragte mich Günther Jauch in Stern-TV: „Wie lange haben Sie daran gearbeitet?" Ich antwortete: „20 Minuten!" „Und dafür haben sie 1,2 Millionen Mark bekommen?" Diese Honorargröße hatte ein neidischer Konkurrent verbreitet, der von der Bahn nicht eingeladen worden war. Ich sagte nur: „Sie kennen Herrn Dürr nicht, der ist Schwabe. Streichen sie mal eine Null weg, dann bleiben 120.000 Mark übrig." Die habe ich verdient. Dafür habe ich acht Hefte für Anwendungen mit 290 Reinzeichnungen, für Drucksachen, für Gebäude, für Fahrzeuge, für Kleidung undundund erstellt. „Da kommt dann ein Stundenlohn raus, verehrter Herr Jauch, dafür würden Sie hier noch nicht mal den Mund aufmachen."

Da fiel selbst Herrn Jauch nichts mehr ein?

Stimmt. In der gleichen Sendung war Henry Maske[24]. Ihm hat Jauch das alte und das neue Zeichen gezeigt und gefragt: „Welches Zeichen gefällt ihnen besser?" Maske: „Was ist denn da der Unterschied?" Ich dachte, vielleicht erkläre ich ihm das: „Der Unterschied zwischen einem Kinnhaken und einem KO-Schlag liegt nur wenige Zentimeter voneinander entfernt. Aber die sind entscheidend. So ist das auch mit dem Bahnzeichen." Dieser Entwurf hat aber einen wesentlichen Vorzug: Er spart erheblich Kosten ein, weil er in der Umsetzung preiswert ist.

24 Henry Maske (geb. 1964), Halbschwergewichtsboxer, Maske war während der 90er Jahre mehrfach Weltmeister. Er feierte in 32 Profikämpfen 31 Siege

Jetzt wissen wir aber immer noch nicht, was deinen Entwurf für die Deutsche Bahn gegenüber anderen auszeichnet.
Die deutsche Bahn spart heute noch jedes Jahr 300.000 Euro an teurer Siebdruckfarbe, allein durch den Wechsel weiße Buchstaben in rotem Feld auf rote Buchstaben in weißem Feld. Das Zeichen muss an den Zügen, auf Gebäuden, also im Bereich der Großanwendungen im Siebdruckverfahren angebracht werden.

Eine einfache und wirkungsvolle Lösung. Kam da keiner deiner Mitbewerber darauf?
Nein. Zum Teil wurden ganz neue Zeichen präsentiert. Und alle haben gesagt, der Weidemann bekommt sowieso den Auftrag, der ist der Freund vom Dürr.

> „Der Unterschied zwischen einem Kinnhaken und einem KO-Schlag liegt nur wenige Zentimeter voneinander entfernt. Aber die sind entscheidend. So ist das auch mit dem Bahnzeichen."

Stimmt ja. Du bist ein Freund von Heinz Dürr. Was hast du diesen Vorwürfen entgegengesetzt?
Wie Recht ihr alle habt! Was sollte ich sonst sagen? Die Wettbewerbspräsentation fand vor dem Staatssekretär im Verkehrsministerium statt. Heinz Dürr war gar nicht dabei. Er hat den Wettbewerb weder geleitet noch entschieden.

Mit Lothar Späth und Susanne Offenbach (re.) bei der Eröffnung der Landesausstellung „Erkundungen" 1986

Bedenken, was man sagt, und sagen, was man denkt

Was passiert, wenn man der Firma Porsche im Familienverbund der Eigentümer begegnet und für die Deutsche Post den Vordenker gibt, darüber berichtet Kurt Weidemann genauso abgeklärt wie über die Freundschaft mit Jürgen Schrempp und dessen Ende.

Dabei vergisst er nicht zu erwähnen, weshalb Edzard Reuter zum ersten Mal Porsche fahren durfte und was das mit dem griechischen Gott Apoll zu tun hat. Er begleitet zwei neue Hochschulen in der Gründungsphase, löst auf seine Weise die Lernprobleme seiner Studenten und hält sich manchmal für idiotisch nützlich.

Eigentlich bist du ein „Daimler-Mann". Trotzdem wollte dich die Firma Porsche verpflichten?

Eigentlich war die Zusammenarbeit durch Konkurrenzausschluss nicht möglich, ich hatte ja für Daimler gearbeitet. Porsche fragte mich dennoch, doch zunächst sagte ich ab. Dann habe ich mit Werner Niefer[1], also mit „Mister Mercedes", gesprochen. Er fand: „Mach das, das ist Nachbarschaftshilfe." Zu der Zeit wurde sogar ein Modell von Mercedes bei Porsche produziert. Es gab also ohnehin schon eine Zusammenarbeit.

Die beiden großen schwäbischen Autobauer waren damit zugleich deine Kunden?

Porsche hat mich lediglich zu seinem Erscheinungsbild befragt. Ich habe Nachbarschaftshilfe geleistet und das Wappen überarbeitet. Was wohl die Stadt Stuttgart dafür bezahlt, damit Porsche ihr „Rössle" um die ganze Welt spazieren fährt und bekannt macht, diese Frage habe ich mir allerdings schon lange vorher gestellt. Schließlich durfte ich auch noch das Namenszeichen überarbeiten. Das war zunächst nicht so einfach, denn in der entscheidenden Vorstandssitzung

---

[1] Werner Niefer (1928-1993), Werkzeugmacher und Maschinenbauingenieur, von 1952 bis 1993 zunächst als Maschinenbauingenieur für den Großmotorenbau von Daimler-Benz, zuletzt als Vorstandsvorsitzender der Mercedes-Benz AG für den Konzern tätig

sollte ich keinesfalls „den alten Professor" belästigen, wurde ich vorgewarnt. Die Familie Porsche und zwei von der Familie Piëch waren dabei. Während der Präsentation hat der Professor nur in sich hinein gegrinst und kein Wort gesagt.

Piëchs, die Porsche-Söhne, die Vorstandsmitglieder – alle redeten. Die Sitzung dauerte immerhin länger als drei Stunden. Schließlich habe ich es auf meine Art formuliert. Zum Beispiel: Das bisherige Schriftzeichen sehe aus, als sei es dreimal von einem LKW überfahren worden...

Das ist aber nicht sehr kommunikationsfördernd?
Ach, doch. Ein anderes Beispiel: Porsche hatte als Hausfarbe ein ganz dunkles Bordeauxrot. Angeblich hatte der Chef das mal bei einem Essen in New York zur Hausfarbe bestimmt, als er einen Rotweinfleck auf seiner Serviette betrachtete. Ich wollte dagegen ein helles Rot. Das sei aber das Ferrarirot, hieß es. Eine Farbe ist nicht schützbar. Das war auch nicht das Problem. Ich habe die Runde gefragt: „Kennen Sie den Unterschied zwischen arteriellem und venösem Blut? Das venöse Blut ist dunkel, fließt langsam und hat alle Schmutzteile bei sich. Das arterielle ist hell, hat viel Sauerstoff und fließt schnell..., was stellt ihr eigentlich her?" Das haben sie dann verstanden. Und ich konnte ein helleres Rot durchsetzen. Schließlich konnte ich insgesamt das Wappen zeichnerisch überarbeiten, den Schriftzug höher und die Hausfarbe heller machen.

Für den Laien ist schwer erkennbar, was du mit der Schrift gemacht hast. Kannst du das verdeutlichen?
Ich habe sie nur erhöht. Am liebsten hätte ich eine zeitlos klassische Antiqua genommen – eine andere Schriftart also, aber das war nicht drin. Alles war heilig! Ich habe im Wappen nur den Schriftzug verbessert. Meine Arbeit bestand aus kosmetischen Liftings. Es ging um bessere Erkennbarkeit und Lesbarkeit.

Sind sich die Wappenpferde bei Porsche, Ferrari und der Stadt Stuttgart eigentlich ähnlich?
Es sieht so aus, als habe Ferrari das Pferd aus dem Stuttgarter Wappen „geklaut". Ansonsten sind es nicht schützbare springende Pferde.

Bist du in Naturalien ausbezahlt worden?
Ich fuhr damals schon fast zwanzig Jahre Porsche. Das war dem Vorstand aber nicht bekannt... Also keine Naturalien, dafür normales Stundenhonorar.

Schließlich habe ich es auf meine Art formuliert. Zum Beispiel: Das bisherige Schriftzeichen sehe aus, als sei es dreimal von einem LKW überfahren worden...

Du bist 47 Jahre Porsche gefahren, warum nie einen Mercedes?
Werner Niefer hätte mir jeden Mercedes vor die Tür gestellt, aber Mercedes-Fahrer sitzen mit Hut und Mantel im Auto und können den Kopf nicht drehen. Das bin ich nicht.

Du bist aber auch nicht immer ohne Probleme mit deinem Hut in den Porsche gekommen...
Man kommt ganz gut in den Porsche rein. Es gibt Leute mit zwei Meter Körpergröße, die Porsche fahren. 47 Jahre unfallfrei Porsche... da muss man nicht nur gut fahren, sondern auch viel Glück und einen Schutzengel haben.

Also war die Anschaffung eines Mercedes nie ein Thema?
Ich hab Niefer gesagt: „Werner, das Durchschnittsalter eines Mercedesfahrers liegt bei erschreckenden 52 Jahren, soll ich das noch anheben?"

Andere Baustelle: Die Post. Da hast du für einen Wettbewerb viel entworfen, aber wenig erreicht?
Ich wollte zum klassischen Posthorn zurück. Bei der Post gab es offensichtlich grundsätzliche Spannungen zwischen den Postleuten und der Telekommunikation. Sagten die Einen „Ja", sagten die

abcdefghijklmnopqrstuvwxyzß
ABCDEFGHIJKLMNOPQRSTU
VWXYZ&ÆŒOæœø¢$£
1234567890%‰
Io,:;'"„""¡!¿?o--»‹1›«/[]()*†§I

åäöüioôjàèéìíñŏōç ' ¨ ´ ` ˆ ˜ ¯ ˘ ˙ ¸
ÅÄÀÁÖÜOŎÔÊÈÉÑŎŌÌÍÇ

Die Corporate A Halbfett: Mit über 100 Zeichen in der Triologie summiert sich das, mit Kyrillisch
und Griechisch, auf mehr als 15.000 Zeichen

Anderen „Nein" – und umgekehrt. Die Teleleute waren der Meinung, das Posthorn gehöre zum Briefträger. Es ist aber ein Fernmeldegerät, gehört also zur Telekom. Das Posthorn war ein Fernmeldesignalgeber. Noch bis 1912 gab es eine Post-Signalordnung. Die haben nicht „Hoch auf dem gelben Wagen" gespielt, sondern der nächsten Station signalisiert: „Macht die Pferde zum Wechsel fertig, vierspännig oder sechsspännig." Dafür gab's das Posthorn, und insofern ist das ein Fernmeldesymbol. Das wollte ich gerne behalten, nur die beiden Blitze neben den Kordeln sollten weg. Die Blitze wurden irgendwann einfach dazugestellt, damit es auch nach Fernmeldetechnik aussah. Ich habe alles auf großen Tafeln präsentiert. Diese Arbeit wurde nach Stundenlohn bezahlt.

Was hat die Post anschließend mit deinen Vorschlägen gemacht?
Die hauseigene Hauptabteilung 4, Architektur und Design, hatte offensichtlich nicht mehr so viel zu tun. Die große Phase des Baus neuer Postämter war abgeschlossen. Diese Abteilung hatte wahr-

scheinlich kein entsprechendes Auftragsvolumen mehr. Nachdem ich den Wettbewerb mit Präsentationen, die sich über ein Jahr hinzogen, gewonnen hatte, musste ich nachträglich noch gegen die Hauptabteilung 4 antreten. Gegen die habe ich immer wieder verloren, blieb also ohne Auftrag. Später habe ich dann meine Tafeln mehrmals zurückverlangt. Als ich sie endlich bekam, waren sie voll mit Aufklebern, Notizzetteln, Korrekturen.

Damit war das Thema Post für dich erledigt. Dafür hast du bei Daimler viel gemacht. Wie ist das heute?
Jürgen Schrempp hat sich von mir zurückgezogen, als ich für die Hausschrift beim Verkauf an Dritte die mir zustehenden Provisionsansprüche stellte. Die Rechtsabteilung ist der Ansicht, mein Auftrag, das visuelle Erscheinungsbild zu entwickeln, sei abgeschlossen. Daimler habe die Schrift gekauft und deshalb dürfe Daimler auch die Provision kassieren! Weltweit gehen vom Schriftverkauf üblicherweise an die fünf Prozent an den Urheber.

Die ersten drei Jahre blieb die Schrift für Daimler geschützt. Danach musste sie freigegeben werden. In den USA gibt es einen Mister Hunt, der erkennt keine Rechte für die „Corporate Familie" an, vertreibt sie aber auf zwei Kontinenten. Das sind ja annähernd 15.000 Zeichen. Ein Prozess wäre teurer als die Lizenzeinnahmen eines halben Jahrhunderts. Das amerikanische Urheberrecht kennt keinen wirksamen Schriftenschutz. Die Frau von Mister Hunt ist Anwältin und freut sich auf Prozesse.

15.000 Schriftzeichen? Unser Alphabet hat doch nur 26 Buchstaben.
Wenn man alle drei Familien mit mindestens acht Schriftstärkebildern und alle mit drei Charakteren multipliziert und Fremdsprachen mitzählt, kommt man auf diese Zahl. Die „Corporate-Trilogie" mit Kyrillisch und Griechisch ist wohl die am besten ausgebaute Schriftentrilogie auf dem Weltmarkt.

Gibt es zur Vertretung der Urheber keine Vereinigung, die auf Rechte von Leuten wie dich schaut?
Es gibt ja nur ein paar ernstzunehmende Schriftkünstler auf der Welt, deshalb gibt es für uns keine GEMA[2], wie bei der Musik. Also gibt es auch keine Rechtevertretung.

2 GEMA – ist die Verwertungsgesellschaft für Werke der Musik

Edzard Reuter als Laudator bei Kurt Weidemanns Lucke Strike Award

Eine neue Schriftfamilie für einen Konzern zu entwickeln, ist vermutlich ziemlich kompliziert.
Als ich anfing, hatte Daimler über fünfzig Schriften im Gebrauch, aber keine eigene Hausschrift. Die habe ich dann entworfen. Ich hatte ja vorher schon eine neue Bibelschrift gezeichnet. Was ich in den 80er Jahren für Daimler entwickelt habe, machen Siemens und die Deutsche Bahn seit kurzem mit großem Aufwand auch.

Du sagst, Jürgen Schrempp sei ein Kumpel gewesen?
Ja, das begann so um 1990 auf einer Vertriebsleitertagung von Daimler-Benz in Innsbruck. Ich saß abends immer mit den Bodyguards zusammen. Die durften erst was trinken, wenn ihre Chefs im Bett waren. Nebenan im Raum sangen immer noch die Trucker. Jürgen Schrempp war der Chef der LKW-Sparte. Alle anderen waren im Bett. Mit den Bodyguards bin ich dann zu den Truckern rüber.

Warum warst du überhaupt bei der Vertriebsleitertagung dabei?
Weil ich damals Berater des Unternehmens war. Schrempp kannte ich bis dahin nur flüchtig. An dem Abend wurden Soldatenlieder gesungen: „Schwarzbraun ist die Haselnuss" und viele andere. Natürlich machte Eindruck, dass ich von diesen Liedern alle Strophen kannte, inklusive derer, die wir selbst hinzugedichtet hatten. Für Schrempp war ich damit beeindruckend. So begann unsere Freundschaft.

Schließlich wurdest du auch sein Berater?
Ja, als er Chef war, kam ich gelegentlich nach Möhringen in sein Büro im elften Stock.

Wie würdest du euer Verhältnis aus heutiger Sicht beschreiben?
Im Unterschied zur Freundschaft mit Herrhausen und Reuter war diese Beziehung mehr kumpelhaft. Ich beurteile heute noch bestimmte Leute danach, ob ich sie im Krieg mit auf einen Stoßtrupp mitgenommen hätte. Schrempp hätte ich mitgenommen.

> *Ich hatte längst gemerkt, dass gute Leute in der Praxis oft nicht erfolgreich sind, also müssen die Unternehmer etwas mehr von unserer Arbeit wissen...*

Welche Beziehung war denn bedeutender?
Eindeutig die mit Herrhausen, aber dazu gehört auch noch Edzard Reuter, der ein feinsinniger, gebildeter, visionärer und mutiger Mensch ist: Ich war mal bei Reuter zum Abendessen. Wir haben über vieles diskutiert und kamen auch auf Rilke[3]. Der „Archaische Torso Apollos"[4] ist ein Sonnett. Am Schluss heißt es: „Du musst dein Leben ändern!" Rilke wollte damit ausdrücken: Durch ein Erlebnis mit der Kunst kannst du soweit kommen, dass du deinem Leben einen anderen Wert gibst.

Über den Schlussvers waren wir uns beide nicht einig. Wir haben gewettet: Er holte den Rilke aus seinem Bücherregal – und behielt Recht! Er hat die drei Schlusszeilen richtig zitiert. Das hätte ich mit Schrempp nicht machen können. Reuter hat gewonnen und durfte statt Havannas und Champagner mit meinem Porsche ums Carré fahren.

Wie ist heute dein Verhältnis zu Edzard Reuter?
Sehr gut. Zu ihm und zu seiner Frau, wir sehen uns regelmäßig. Er ist eine respektgebietende Persönlichkeit mit einer starken Frau.

Konnte Schrempp einfach mit dir brechen, weil du nicht wichtig genug warst?
Wenn Herrhausen noch gelebt hätte, hätte Schrempp sich vielleicht anders verhalten. Obwohl ich nie auch nur den geringsten Gebrauch von meiner Freundschaft zum Aufsichtsratsvorsitzenden von Daimler gemacht hatte.

---

3 Rainer Maria Rilke (1875-1926), österreichischer Schriftsteller und bedeutender Lyriker

4 „Archaischer Torso Apollos" – Rainer Maria Rilke schrieb das Gedicht 1908 in Paris, darin beschreibt er wesentlich die Unvollkommenheit eines Torsos, der den antiken Gott Apoll darstellt

Wie siehst du es: Hat Jürgen Schrempp aus dem Gemischtwarenladen einen Weltkonzern gemacht?
Einen Technologiekonzern hatte Reuter schon im Sinn, denn er wusste, auf das Auto, ein Produkt aus dem 19. Jahrhundert, kann man keinen Weltkonzern aufbauen. Schrempp hat nur das Kerngeschäft Automobil weitergeführt und mit Chrysler überzogen.

In Koblenz stand zu Beginn der 80er Jahre die Gründung einer privaten Universität bevor. Wer kam denn auf die Idee, dich mit ins Boot zu nehmen?
Ich hörte von Heiner Weiss, dass in Koblenz eine private Universität gegründet werden sollte. Er ist Inhaber und Vorstandsvorsitzender der Schloemann-Siemag AG[5], dem größten Walzwerkbauer Deutschlands.

Und was hast du gemacht?
1982 war das. Ich habe an der Kunstakademie nach 20 Jahren aufgehört und Koblenz mit aufgebaut. Ich hatte längst gemerkt, dass gute Leute in der Praxis oft nicht erfolgreich sind, also müssen die Unternehmer etwas mehr von unserer Arbeit wissen...

Gab es einen konkreten Anlass, an der Kunstakademie aufzuhören oder war es ein schleichender Prozess des Abschieds?
Es war ein auslaufender Prozess. Ich bin lautlos weggegangen. Das Sommersemester war zu Ende, und zum Wintersemester war ich nicht mehr da. Mein Weggehen hatte hauptsächlich mit der konservativen Atmosphäre an der Akademie zu

5 Schloemann-Siemag AG, ein führendes Unternehmen im Bereich der Hütten- und Walzwerktechnik, das heute weltweit mehr als 9.000 Mitarbeiter beschäftigt

tun. Die Studenten waren mehr oder weniger gleich gut. Da hat sich nicht viel geändert, auch nach 1968 nicht.

Also du bist nicht im Streit geschieden?
Nein, ich bin einfach nur gegangen. Natürlich habe ich mitgeteilt, dass ich gehen werde, das war's dann.

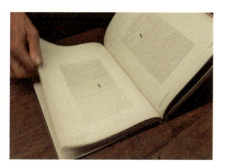 

Hat es dich getroffen, dass man dich an der Akademie nicht mal verabschiedet hat?
Nicht sehr. Das hat mich erst 2006 positiv wieder eingeholt, als ich zum Ehrensenator ernannt wurde. Das hat der derzeitige Akademie-Direktor Ludger Hünnekens[6] veranlasst. Mit ihm und Heinrich Klotz hab ich das ZKM (Zentrum für Kunst und Medientechnologie) und die Hochschule für Gestaltung in Karlsruhe aufgebaut.

Ein Wort über deine Studenten: Hast du den Weg deiner ehemaligen Schüler verfolgt?
Nicht von allen natürlich, es sind fast 1000. Aber viele haben viel erreicht. Die ersten meiner Studenten sind bereits als Professoren emeritiert – immerhin ist ein halbes Dutzend zum Professor ernannt geworden.

Welche haben in Stuttgart Duftmarken hinterlassen?
Da gibt es viele: zum Beispiel Conny Winter, ein international anerkannter Fotograf, Thomas Rempen[7] hatte in Düsseldorf eine große Werbeagentur

6 Ludger Hünnekens (geb. 1953), Rektor der Staatlichen Akademie der bildenden Künste Stuttgart
7 Thomas Rempen (geb. 1945), Grafikdesigner, seine Düsseldorfer Werbeagentur zählte bis zu seinem Ausstieg 1994 zu den Top-Adressen der Branche, heute ist Rempen Professor an der Universität Duisburg-Essen und Inhaber des büro rempen

aufgebaut und ist Professor an der Universität Duisburg-Essen – er hat auch die Laudatio zu meiner Ernennung zum Ehrensenator gehalten.

Du hast also übergangslos deine neue Aufgabe in Koblenz angetreten?
Ja, im Gründungssemester 1983 hatten wir etwa 30 Studenten und waren zunächst in einer alten Volksschule untergebracht. Die Hochschule zog dann nach Vallendar bei Koblenz. Die Industrie- und Handelskammer Koblenz und die DBK-Versicherung haben sich in der Sache sehr engagiert. Gründungsehrenrektor war Friedrich August von Hayek[8], ein Nobelpreisträger der Wirtschaftswissenschaften. Er hat das geistige Niveau bestimmt. Die Hochschule ist heute ist ein Projekt der Wirtschaft, der Banken und Versicherungen, die es bis heute mitfinanzieren und Lehrstühle stiften.

Was hast du an der WHU unterrichtet?
Unternehmer entscheiden oft über große Werbeetats. Aber wie die Anzeigen und wie der Messestand auszusehen haben und welcher Teppichboden in der Firma liegt, das entscheidet nicht selten die Frau des Vorstandsvorsitzenden.

Die Unternehmer müssen mehr über unseren Beruf wissen, sie müssen beurteilen können, was ein gutes und was ein schlechtes Foto ist, was eine Anzeige kann und was sie nicht kann. Und dass eine Hauszeitschrift nicht nur aus Kurzmeldungen über Ausgeschiedene, Verstorbene, Verlobungen und Hochzeiten bestehen sollte. „Verbale und visuelle Kommunikation" hieß mein Unterrichtsfach, immer samstags ab zehn Uhr mit Open End. Es gab dort viele Gastveranstaltungen: mit Top-Managern, erfolgreichen Unternehmensinhabern und Harvard-Professoren. Ich habe auch mal jemanden gebracht, der nach kurzem Erfolg Pleite gegangen war. Auch Menschen, die gescheitert waren oder Jobhopping abwärts gemacht haben. Mein eigener Unterricht umfasste Corporate Identity, Corporate Design, Typografie, Fotografie und Illustration, Werbung, Drucksachengestaltung, Vorteile und Grenzen der Medien.

8 Friedrich August von Hayek (1899-1992), Ökonom, Hayek war der wichtigste Vertreter der österreichischen Schule der Nationalökonomie, für seine Arbeiten auf dem Gebiet der Geld- und Konjunkturtheorie wurde er 1974 mit dem Nobelpreis für Wirtschaftswissenschaften ausgezeichnet

Mit was hast du deine Studenten noch gequält?
Sie erzählten mir, dass sie Probleme mit dem Lernen haben. Also habe ich Ignaz Kirchner, einen der bedeutendsten deutschsprachigen Schauspieler, heute am Wiener Burgtheater, eingeladen. Vor her mussten sich Studenten das Reclam-Buch „Rede an den kleinen Mann" von Wilhelm Reich kaufen. Kirchner setzt sich hin und spricht diesen Monolog in voller Länge.

Die Studenten hatten die Bücher auf den Knien und lasen mit: 112 Seiten. Sie wollten anschließend wissen, wie man einen so langen Text behalten kann. „Laut reden, Bedeutungsworte merken, draußen mit den Texten laut aufsagend auf und ab gehen. Nicht in der Bude sitzen!" Dietmar Henneka[9], Edzard Reuter, Jürgen Schrempp oder Ivan Nagel[10] habe ich auch eingeladen. Mir war wichtig, dass die Studenten jedwede Vielfalt des Möglichen kennen lernen, sich ein Bild von anderen machen und den eigenen Weg finden. Scheitern inbegriffen.

[9] Dietmar Henneka (geb. 1941), Fotograf, Henneka ist mit seinen Automobilfotografien bekannt geworden

[10] Ivan Nagel (geb. 1931), Theaterwissenschaftler, Nagel war von 1985 bis 1988 Intendant des Württembergischen Staatsschauspiels und initiierte 1981 das Festival „Theater der Welt", das zuletzt 2005 in Stuttgart stattfand

Du hast Verlierer und Gewinner gleich gesetzt?
Ich habe Einseitigkeiten vermieden. Auf Einladung der Hochschule waren auch Helmut Kohl und Graf Lambsdorff[11] da. Kohl hat auch Diplome verliehen.

Finanziell war Koblenz übrigens uninteressant für mich. Hin- und zurückgefahren bin ich auf eigene Kosten. Der Stundenlohn war erträglich. Ich habe allerdings nur an Samstagen unterrichtet. Die Studenten haben 65 Wochenstunden reinen Unterricht und schreiben zwischen zwölf und vierzehn Klausuren pro Semester.

Mir war wichtig, dass die Studenten jedwede Vielfalt des Möglichen kennen lernen, sich ein Bild von anderen machen und den eigenen Weg finden. Scheitern inbegriffen.

14 Klausuren, 65 Wochenstunden – das schafft doch keiner?
Die haben dann auch mal die Nacht durch gearbeitet. Nach acht Semestern ist man formal Diplomkaufmann. Was die Studenten dort gelernt haben, geht aber weit darüber hinaus. Nicht umsonst steht die Wirtschaft Schlange, um sich Absolventen abzuholen. Bei den ganzen Universitäts-Rankings schneidet die WHU hervorragend ab.

Worin liegt für dich der Unterschied zwischen Unterricht und Dozieren?
Unterrichtet wird dialogisch, doziert wird monologisch. Ein Drittel meines Unterrichts waren Gastveranstaltungen, zwei Drittel waren Diskussion und Unterricht. Das habe ich ein paar Jahre gemacht, einen guten Nachfolger gebracht und dann in Karlsruhe an der Hochschule für Gestaltung angefangen.

Beim Zentrum für Kunst und Medientechnologie?
Ich habe Heinrich Klotz[12] bei Michael Klett[13] kennen gelernt. Klotz hat mit einer unendlichen Energie das ZKM und die Hochschule für Gestaltung aufgebaut. Jeden Landtagsabgeordneten hat er einzeln dafür gewinnen müssen. Er hatte mich gefragt, ob ich bereit wäre, da auch mitzumachen.

---

11 Otto Graf von Lambsdorff (geb. 1926), Jurist und Politiker, von 1977 bis 1984 war er Bundesminister für Wirtschaft, er trat im Zuge der Flick-Affäre zurück

12 Heinrich Klotz (1935-1999), Kunsthistoriker, Architekturtheoretiker und Publizist, Klotz war von 1988-1998 Gründungsdirektor des Zentrums für Kunst und Medientechnologie in Karlruhe

13 Michael Klett (geb. 1938), Verleger, führt das, von seinem Großvater Ernst Klett 1897 gegründete Verlagshaus in der dritten Generation und baute es zu einer bedeutenden Mediengruppe aus

*Diese Gesellschaft muss doch in der Lage sein, 250 Euro
für meine Arbeit aufzubringen, wenn gleichzeitig jemand anderes
mit einem unintelligenten Körperteil, mit seinem Fuß nämlich, einen Ball
treten kann und damit als Spitzenspieler zum Millionär wird.*

Was war die Idee, und wer waren die Förderer dahinter?
Die Idee war das Zusammenführen der Medien. Das ZKM wurde von Lothar Späth[14] ins Leben gerufen. Späth und Klotz haben sich sehr gut verstanden. Beim zehnjährigen Jubiläum hat Erwin Teufel[15] eine Rede gehalten, Späth war natürlich auch eingeladen. Bei Teufel wurde „mit den Fingernägeln geklatscht" und beim Namen Späth mit den Händen.

Welche Rolle hast du beim Aufbau des ZKM gespielt?
Ich war nur Zweitbesetzung. Klotz hat meinen Kollegen Professor Rambow[16], einen angesehenen Plakatkünstler geholt, der eine Klasse für verbale und visuelle Künstler aufbaute. Ich konnte seinen Unterricht aber gut ergänzen.

Bist du von Koblenz nach Karlsruhe gewechselt, weil es wieder etwas Neues aufzubauen galt?
Es waren immer weiche Übergänge, keine Anlässe. Hannes Rettich, der Hochschulverantwortliche vom Ministerium für Wissenschaft und Kunst hat mal zu mir gesagt: „Du bist ein typischer Minderheitenfanatiker, du gehst immer dahin, wo etwas neu anfängt."
Die Begegnung mit Klotz bei Klett war Zufall. Außerdem war ich günstig, weil ich ja keine Professur hatte, sondern nur einen Lehrauftrag. Für 23 Mark die Stunde, inklusive Fahrtkosten, also plus minus Null... Klotz war sehr überzeugend, einen anderen Grund, dorthin zu gehen, gab es nicht. Als er starb, ging ich. Diplome betreue ich bis heute.

Warst du nicht immer wieder auch ein nützlicher Idiot?
Ja, das bin ich wohl, idiotisch nützlich. Soll ich einen Hund im Park spazieren führen? Man muss es mir nur sagen...

14 Lothar Späth (geb. 1937), Politiker und Manager, Späth war von 1978 bis 1991 Ministerpräsident des Landes Baden-Württemberg

15 Erwin Teufel (geb. 1939), Politiker, Teufel folgte Lothar Späth im Amt des Ministerpräsidenten nach, 2005 trat er zurück

16 Gunter Rambow (geb. 1938), Grafikdesigner und Fotograf, Rambow war von 1991 bis 2003 Professor an der Hochschule für Gestaltung in Karlsruhe

Arbeitskleidung in der Hochschule für Gestaltung in Karlsruhe

Im positiven oder im negativen Sinne?
Ich weiß nicht, was daran negativ ist. Negativ wäre, wenn ich wirklich ein Idiot wäre. Das lässt sich aber feststellen.

Du bist ja auch einer, mit dem man sich gern schmückt?
Ich finde nichts Dekoratives an mir. Ich habe für Vieles einen Treuekomplex und fahre auch noch zu Klassentreffen. Mittlerweile treffen sich da noch zwei Männer und 13 Witwen...

Bist du deinen Preis wert?
Kann ich nicht beurteilen. Ich weiß nur, den materiellen Preis kann ich nur schwer verhandeln. Ich kann nicht schachern oder meine angebliche Bedeutung in Stellen vor dem Komma fixieren. Nützliche Idioten arbeiten honorarfrei.

Du hast immer das genommen, was man dir gegeben hat?
Ich habe gefragt: „Was gebt ihr für so was aus?" Meine persönlichen Ansprüche sind nicht so hoch. Natürlich habe ich lange Por-

sche gefahren, aber nicht um anzugeben, sondern weil ich mit einem Porsche vierhundert Meter weniger Muffensausen beim Überholen auf der Landstraße haben musste.

Und weil Porsche ein schönes Auto ist?
Das kommt dazu. Schon an der Akademie war ich der „Porsche-Sozialist". Eigentlich hätte man einen „DöScheWo"[17] erwartet.

Welche Rolle spielt Geld in deinem Leben?
Es ist ein Freiheitsfaktor. In unserer Gesellschaft ist Geld Entscheidungsfaktor. Ich will nicht über eine Ausstellung in Basel in der Zeitung lesen, was der Kritiker schreibt und dazu eine Schwarzweiß-Abbildung anschauen; ich könnte auch zu einem Freund sagen: „Du fährst doch da hin, bring mir einen Katalog mit." Ich will mich nachmittags in den Zug setzen, nach Basel fahren, zwei Stunden in die Ausstellung gehen, den Katalog kaufen, dort übernachten, den Katalog lesen und am anderen Morgen noch mal zwei Stunden hin gehen. Am nächsten Tag bin ich zur gleichen Zeit zurück. Kostenpunkt: Zeitung 2 Euro, Katalog 45 Euro, Reise 250 Euro.

Diese Gesellschaft muss doch in der Lage sein, 250 Euro für meine Arbeit aufzubringen, wenn gleichzeitig jemand anderes mit einem unintelligenten Körperteil, mit seinem Fuß nämlich, einen Ball treten kann und damit als Spitzenspieler zum Millionär wird.

Geld interessiert dich also nicht?
Nein, jedenfalls nicht primär. Bevor ich das Stellwerk hier entdeckte, wusste ich, dass ich mehr Licht brauche. In meine Wohnung, in der Bismarckstraße kommt selbst im Sommer wenig Licht rein. Hier hab ich's rundum. Das ist die Freiheit, die mir mein Geld bringt, nicht mehr und nicht weniger. Und ein kleines Helles zum Feierabend...

17 DöScheWo oder Deux Chevaux Citroen 2CV – im Volksmund auch Ente genannt, zwischen 1948 und 1990 liefen bei Citroen in Frankreich 3.872.583 2CV vom Band

Kurt Weidemann an seinem 75. Geburtstag an der Hochschule in Karlsruhe

Über die Kunst, von sich selber absehen zu können

Kurt Weidemann weiß, warum einige Buchstaben mit anderen nicht gut stehen, mit anderen dagegen besser, und weshalb Gutenberg nicht der Erfinder des Buchdrucks war, sondern eigentlich der Erfinder der industriellen Produktion. Trotz bester Geschäftsbeziehungen und guter Auftragslage wollte er nie Agenturchef sein, dafür verbindet ihn eine enge Freundschaft mit dem österreichischen Künstler Günter Brus und Akademiedirektor Markus Merz. Schließlich offenbart er: Ohne seinen langjährigen Mitarbeiter Kurt Strecker wäre Weidemann nie das geworden, was Weidemann ist.

Eine eigene Agentur hast du nie geführt. Das wundert – du bist doch der geborene Chef?
Abwegig ist das nicht, es gab schon früh Anfragen. Der Werbeleiter von Breuninger hatte mich nach dem Studium mit kleinen Aufträgen beschäftigt. Wir hatten Kontakt zur Werbeagentur Geutebrück in Düsseldorf, dessen wichtigster Kunde die heftig umworbenen Kunstfaser-Hersteller in Krefeld waren. Damals gab's die großen Etats nicht für Zigaretten, Schnaps oder Autos, sondern für die neuen Kunstfaserstoffe – Diolen und Trevira. Für die Agentur habe ich erfolgreiche Werbemittel gestaltet. Später sollte ich sein Unternehmen übernehmen, weil es keine unmittelbaren Erben gab. Ihm gehörte auch eine alte Mühle im Neandertal, in der rauschende Feste gefeiert wurden.
    Der Chef hat mich dann auch mal seinen wichtigsten Kunden vorgestellt, mit denen angeblich locker eine Million Reingewinn im Jahr zu verdienen wäre. Aber so richtig fand ich keinen Gefallen an ihnen.

Aber ihr konntet dennoch einen gemeinsamen Weg finden?
Geutebrück hat mich in seine Kunst des Umgangs mit Kunden eingeführt: Ich müsse wissen, wann die gnädige Frau Geburtstag

hat oder, dass der Kunde ein Segelboot besitzt, leider mit einer überalterten Navigationsanlage. Die neue sollte ich ihm schenken. Ich sollte wissen, wenn bei einem Kunden ein Kronleuchter im Wohnzimmer fehlt. Und anderes mehr. Ohne große Überlegungen habe ich dankend verzichtet, trotz blendenden Verdienstaussichten und leider auch wegen der Mühle im Neandertal...

Du hast es ohne geschafft und bist jetzt auch nicht gerade arm?
Wohl nicht, vielleicht etwas wohlhabend. Ich habe einiges hier in mein Stellwerk[1] investiert – das habe ich im Schweiße meiner schwarzen Füße verdient.

Aber du bist reicher als viele deiner Kollegen?
Was ich habe, das kann jeder Grafiker erreichen. Im Schriftsetzerberuf steht man um sechs auf, ich sogar schon um fünf. Damit fängt es an.

Was ist für dich wirklich wichtig?
Meine Kinder und gute Freunde, zum Beispiel Günter Brus. Er hat mich gelehrt zu begreifen, was ein Künstler ist. Er ist heute in Österreich einer der Höchstbezahlten. Ich habe ihn entdeckt, als er um 1970 dem Wiener Aktionismus[2] angehörte. Die Wiener Aktionisten wollten mit künstlerischen Mitteln unter anderem nachweisen, dass die österreichische Justiz noch mit Nazimentalität durchsetzt war.

Im Zuge dessen wurde Brus wegen Herabwürdigung der österreichischen Staatssymbole zu einem halben Jahr Gefängnis verurteilt. Kurz vorher ist er nach Berlin abgehauen. Im Lokal „Das Exil" am Paul-Lincke-Ufer traf sich die selbsternannte „Österreichische Exilregierung". Oswald Wiener und Gerhard Rühm waren dabei. Die beiden waren ebenfalls abgehauen, weil ihnen der Boden zu heiß geworden war. In Berlin lebte Brus in ärmlichsten Verhältnissen. Für die gelegentlich von mir bezahlte Miete hat er mir jedes Mal eine Zeichnung gegeben. Sie sind heute das Zehnfache wert.

1 Stellwerk am Stuttgarter Westbahnhof, Baujahr 1927, der Bahnhof wurde 1985 stillgelegt, Kurt Weidemann sanierte das denkmalgeschützte ehemalige Stellwerk in den 90er Jahren und nutzt es als Atelier

2 Wiener Aktionismus – Günter Brus und seine Kollegen O. Muehl, H. Nitsch und R. Schwarzkogler erregten mit ihren sozial- und gesellschaftskritischen Kunstaktionen im Wien der späten 60er Jahre internationales Aufsehen

 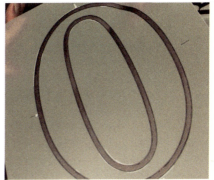

Günter Brus konnte also – ähnlich wie deine Studenten – auf deine Unterstützung zählen?
Bei Otto Herbert Hajek habe ich Willy Brandt getroffen. Wir waren beide früher auf dem gleichen Gymnasium in Lübeck, dem Johanneum. Ich musste den Schulkameraden Brandt einfach auf die Sache Brus ansprechen: „Kannst du nicht mal mit deinem österreichischen Freund Bruno Kreisky[3] wegen einer Amnestie sprechen?" Willy Brandt sagte: „Schreib mal auf und schick mir das." Das habe ich gemacht...

...aber leider nie eine Antwort erhalten?
Das dachte ich zunächst auch. Doch nach sechs Wochen erhielt ich einen intensiven Briefwechsel zwischen Kreisky und Brandt zu diesem Fall. Kreisky hat sich tatsächlich sehr bemüht. Er empfahl Frau Brus, für ihren Mann beim Präsidenten der Republik Österreich ein Gnadengesuch einzureichen, das wolle er befürworten. Brus wurde begnadigt und konnte wieder heim. Er zog südlich von Graz in ein Weinberghäuschen, das nur kleine Din-A4-Fenster und eine Tür hatte, bei der man sich bücken musste, um durchzukommen. Dort hat er nächtelang umfangreiche Arbeiten gemacht: Bilddichtungen auf abertausend Blättern.

Graz war für Brus eine wichtige Station?
Dort war seine Geburtslandschaft. Die abgelegene Gegend, in der er wohnte, südlich in den Weinbergen, wurde plötzlich schick. Die Grazer Anwälte und Notare begannen, sich in den Weinbergen

[3] Dr. Bruno Kreisky (1911-1990), Jurist und Politiker, Kreisky war von 1970 bis 1983 Bundeskanzler der Republik Österreich

einzukaufen. Brus wollte aber solche Nachbarn nicht. Schließlich war er vorher vor ihnen geflohen. „Wenn hier ein Anwalt hinzieht, hau ich ab", hat er gesagt. Für das Nachbargrundstück, das ich auf seinen Wunsch gekauft hatte, damit er ohne Nachbarn blieb, hat er mir eines seiner Hauptwerke übereignet. Heute ist er Staatspreisträger und rehabilitiert. Bei seinem 60. Geburtstag war die österreichische Society vertreten, der ehemalige Kanzler und auch der Staatssekretär im Kulturministerium, der damals seine Verurteilung betrieb...

Seid ihr Freunde geblieben – Brus und du?
Bis heute. Wir statteten uns in den 70er und 80er Jahren intensive gegenseitige Besuche ab.

Andere Freundschaften: Mit dem Künstler Jan-Peter Tripp verbindet dich doch auch eine Freundschaft.
Wir waren seit seiner Studienzeit befreundet. Sein erstes Portrait „Der gute Kurt" hat er 1977 gemalt. Mittlerweile gibt es acht weitere Bilder von mir. Er ist aber kein Auftragsmaler: „Ich werde immer weniger Leute immer häufiger malen." Dazu gehöre ich.

Ich mache doch jeden Tag Urlaub, weil ich morgens früh aufstehe und gut gelaunt Sachen mache, die mir etwas bedeuten und Freude machen. Das ist Luxus pur.

Du hattest in der Peymann-Zeit viele Freunde am Theater. Wie kommst du an Malakhov?
Durch meine Freundschaft mit Alex Ursuliak, damals der Direktor der John-Cranko-Schule. Er gilt als einer der weltweit besten Ballettausbilder und hat Malakhov, seitdem er als Jüngling vom Bolschoi-Ballett nach Deutschland kam, über viele Jahre hinweg betreut. Seinen 26. Geburtstag haben wir in Wien gefeiert, heute leitet er das Staatsballett Berlin.

Und Frieder von Berg zählt zu deinen ältesten Freunden?
Nicht zu den Ältesten, aber zu den langjährigsten. Ich bin mit ihm seit Jahrzehnten befreundet. Ein vortrefflicher Architekt, ein urteilssicherer Kunstkenner und -sammler und ein großzügiger Gastgeber.

Dieter Hundt, Kurt Weidemann und Jan Peter Tripp (v.li.): Trio Infernale

Vladimir Malakhov an seinem 26. Geburtstag in Wien

Machst du eigentlich Urlaub wie andere auch?
Ich bin seit über 30 Jahren nicht mehr in Urlaub gewesen, seitdem meine Kinder aus dem Haus sind. Warum soll ich an der Riviera liegen und mir einen Sonnenbrand holen? Ich mache doch jeden Tag Urlaub, weil ich morgens früh aufstehe und gut gelaunt Sachen mache, die mir etwas bedeuten und Freude machen. Das ist Luxus pur.

Wenn du mit deinen Kindern Ferien gemacht hast – war das nicht erholsam?
Doch, selbstverständlich. Im Sommerurlaub waren wir in Ostia, weil Olga dort Verwandte hatte. Die Kinder haben am Strand gespielt, die konnten am dritten Tag italienisch mit Händen und Füßen. Ich habe Bücher gelesen. Aber wenn ich allzu lange in einen blauen Himmel gucke, werde ich eher schwermütig.

Wie schaltest du ab?
Jeden Tag, jetzt zum Beispiel. Wenn jemand zu mir kommt und sagt, er sei urlaubsreif, dem empfehle ich einen Berufswechsel!

Wir möchten gerne noch mal auf deine Hochschulaktivitäten zurückkommen und über die Stuttgarter Merz Akademie sprechen – welche Aufgaben nimmst du dort wahr?
An der Merz Akademie gibt es einen Förderkreis, dem ich vorstehe. Daneben trete ich immer wieder als Dozent oder Redner auf.

Schriftentwicklung, Arbeitsweisen und Gutenberg

Frieder von Berg mit einem Bild von Jan-Peter Tripp zusammen mit Kurt Weidemanns heimlicher aber lauter Leidenschaft: der Wurlitzer Jukebox

Vorsitzender wird man ja nicht ohne Grund. Wie kam es dazu?
Nachdem mein ältester Sohn Steffen sitzengeblieben war, wurde er auf die Merz-Schule geschickt. Dort war er nach einem Jahr Klassenbester. Irgendwann habe ich Markus Merz kennen gelernt, den Enkel des Schulgründers. Er wollte, der Tradition seiner Familie folgend, eine neue Akademie gründen. Ich fand das mutig und es hat mich interessiert. Markus Merz hat die Akademie mit großem Elan auf dem Gelände des ehemaligen Landeskrankenhauses auf dem Teckgelände aufgebaut. Sie verfügt auch über einen Förderkreis, den man als Topbesetzung bezeichnen kann.

Was unterscheidet die Merz Akademie von anderen privaten Hochschulen?
Sie ist als Hochschule staatlich anerkannt. Sie unterrichtet, wie andere auch, Gestaltung im weitesten Sinne, aber das mit einem hohen intellektuellen Anspruch. Die Studenten lernen, konzeptionell zu denken und in schwierigen visuellen Zusammenhängen Lösungen zu finden.

Die Technik wird ja immer visualisierungsfeindlicher, damit wird in unseren Berufen höhere Intelligenz verlangt. Markus Merz wollte nie einfach Grafiker ausbilden, sondern seine Studenten befähigen, sich übergreifend auseinanderzusetzen.

Kannst du die Idee beschreiben?
An dieser Hochschule werden die Geisteswissenschaften mit der Ästhetik und der Technologie verbunden. Dadurch entsteht so etwas wie eine neuartige Autorenausbildung – die Studierenden erarbeiten äußerst interessante kulturelle oder wissenschaftliche Inhalte und publizieren sie dann in den verschiedensten Medien, die sie selbst gestalten.

Also müssen sich Studierende an der Merz Akademie auch mit gesellschaftlichen Zusammenhängen auseinandersetzen?
Ja, sie sind angehalten, eben diese Gesellschaft zu beeinflussen und wenn nötig zu verändern. Diese Intention ist auch an den veröffentlichten Arbeiten ablesbar. Die Merz Akademie bildet ihre Studenten so aus, dass sie ihre Vorhaben in allen Medien, einschließlich der virtuellen Welten bewältigen. Das ist ihr Alleinstellungsmerkmal. Bestätigt wurde das durch Evaluationen, die der Merz Akademie beste Noten gegeben haben. Auch im Hochschulranking nimmt sie einen Spitzenplatz ein.

Wie stark prägt Markus Merz die Akademie?
Markus Merz prägt sie im programmatischen Sinn sehr stark, weniger als Gestalter – er ist ja eigentlich Literaturwissenschaftler und Historiker. Und das ist gut so, denn dadurch hat er genügend Abstand und behält das Ganze im Blick. Er schart gute Ausbilder um sich und hat eine klare Haltung.

Auf eine solche Hochschule müsste das Land doch mit Stolz verweisen. Weshalb findet das nicht statt?
Weil die Politiker und die Ministerialbürokratie stattdessen lieber Schwierigkeiten bei der Bezuschussung gemacht haben. Aber inzwischen gibt es Anzeichen dafür, dass sich die Erkenntnis durchsetzt, dass es sich bei der oft ausgezeichneten Merz Akademie um eine ganz besondere und förderungswürdige Einrichtung handelt und dass das Modell „Privat-Staatlich" generell Sinn macht – nicht zuletzt auch deshalb, weil es insgesamt erheblich ökonomischer ist.

Wer ist Kurt Strecker?
Mein langjähriger kollegialer und hochbegabter Mitarbeiter. Er ist ein erstklassiger Reinzeichner, also nicht nur ein guter, sondern absolute Spitze. Ich habe ihn vorrangig für die Entwicklung meiner Druckschriften eingesetzt. Er machte die Reinzeichnung der Buchstaben. Von mir wurden die Buchstaben zunächst auf Transparent gezeichnet, er hat sie übersetzt. Ich konnte selbst per Telefon Korrekturen durchgeben. Das lag am nächsten Tag auf den Zehntelmillimeter genau auf meinem Platz.

Deine Zusammenarbeit mit Kurt Strecker kann man als ideal bezeichnen?
Er kam morgens rein und sagte: „Guten Morgen, Kurt." Und ich sagte: „Guten Morgen, Kurt." Um halb fünf sagte er: „Ade, Kurt." Und ich sagte: „Ade, Kurt." Der Rest war wortlose Übereinkunft. Wir hatten zwei Körbe, auf dem einen stand „in", auf dem anderen „out". Er hat sich aus dem In-Korb genommen, was ich entworfen habe, hat es reingezeichnet und in den Out-Korb gelegt. Sehr selten hat er mich gefragt, ob er das besser so oder so machen soll.

Was hat euch aneinander gebunden?
Die ideale Ergänzung von höchster Handwerklichkeit und Entwurfsvielfalt. Zwei Jahrzehnte – „Guten Morgen, Kurt." „Ade, Kurt." Man darf uns als Freunde bezeichnen, auch wenn wir nicht viel geredet haben. Wir hatten keinen Vertrag miteinander. Wir konnten uns aber aufeinander verlassen.

So jemanden brauchst du heute ja nicht mehr?
Nein, schon lange nicht mehr. Die Computerarbeit hat ihn überflüssig gemacht. Er hat nie einen Computer angefasst. Ich übrigens auch nicht.

Wärst du ohne ihn so weit gekommen?
Meine Alphabete wären ohne ihn vermutlich so nicht denkbar. Ich hab ihn in allen Publikationen als den Reinzeichner erwähnt. Werbeagenturen haben ihm Angebote gemacht. Geld hat ihn aber nicht vorrangig interessiert. Wir haben uns harmonisch ergänzt.

Schriftentwicklung, Arbeitsweisen und Gutenberg

Was muss man bei der Entwicklung von Schriften beachten?
Das e ist der häufigste Buchstabe im deutschsprachigen Alphabet. Es folgen das n, i, r, s, t, a, d, und u. Das ist die Reihenfolge der Häufigkeit der Buchstaben in der deutschen Sprache. Um die muss ich mich also besonders kümmern. Wenn ich beim kleinen r den Rüssel nach rechts und beim n den Ansatzpunkt nach links in gleiche Höhe bringe, dann wird auf einmal ein m draus.

R und n kommen öfter hintereinander vor. Also muss ich beim r den Rüssel höher oder den Ansatz beim n tiefer legen. Jeder Buchstabe muss ja neben jeden passen. Wenn man einen Buchstaben zeichnet, wird er in Probeandrucken neben alle anderen gestellt. Das ergibt meterlange Ausdrucke. Nie ist es mir um etwas anderes gegangen: geringe Raumausnutzung und absolute Lesbarkeit. Der Schriftsetzerkasten bei Gutenberg hatte 290 Figuren. Er wollte mit seiner Satztechnik den Schreibmeistern so nah wie möglich kommen. Die Schreibmeister mussten, wenn sie gegen das Ende der Zeile kamen, ganz leicht enger oder weiter werden, um ein geschlossenes Seitenbild mit sauberem Rand zu erhalten.

Das System Gutenberg musst du erklären.
Er musste ein etwas breiteres m und ein schmaleres m gießen, um einen sauberen Blocksatz mit gleichmäßigen Wortabständen zu erreichen. So gab es keine zu großen engen oder weiten Abstände zwischen den Worten.

In der Schule haben wir etwas undeutlich gelernt: Gutenberg habe die Druckkunst erfunden. Er hat nicht die Druckkunst erfunden, gedruckt wurde schon vor ihm, sondern etwas viel Wichtigeres: das Handgießinstrument.

Welche Bedeutung hat das?
Gutenberg hat im Grunde genommen nichts Geringeres als die industrielle Fertigung erfunden. Das Handgießinstrument bestand aus zwei Teilen: einer Matrize und einer Patrize, eine Mutterform und eine Vaterform. Der Buchstabe wurde in Hartmetall geschnitten, als sogenannte Patrize, die Matrize wurde dann mit heißem Blei ausgegossen. Die Buchstaben konnten in beliebiger Auflage immer wieder in völlig gleicher Form hergestellt werden. Das ist industrielle Produktion. Vorher hat es niemals das absolut gleiche Rad, das gleiche Wams, den gleichen Nagel gegeben. In der Gestaltung war Gutenberg allerdings nur ein Nachahmer der Schreibmeister.

Gutenberg gilt trotzdem in erster Linie als Erfinder des Buchdrucks? Warum ist das so?
Gedruckt wurde schon vor Gutenberg, der übrigens in Wirklichkeit Johannes Gensfleisch zum Gutenberg hieß. Da hat man ganze Textseiten in Holz geschnitten, um von ihnen zu drucken. Es ist erstaunlich, wie schnell sich seine Satzkunst verbreitet hat. 1440 begann Gutenberg, Bücher in Schriftsatz zu drucken. Ende des Jahrhunderts wurde bereits in Nürnberg, in Basel, Venedig und anderen Orten mit der neuen Drucktechnik gedruckt. Gutenberg hat nur Frakturbuchstaben gegossen. Die venezianischen Drucker sind von der Handschrift ausgegangen, sie haben wunderschöne Antiqua-Schriften geschnitten. Aldus Manutius[4] hat in Venedig einen bis heute gültige Buch-Typografie entwickelt. Ich würde heute jeden venezianischen Druck in seiner Schönheit gegen eine mehrere Millionen teure Gutenberg-Bibel tauschen.

Wieso kam Gutenberg gerade auf Blei?
Blei ist deswegen geeignet, weil es als Metall weich und leicht zu gießen ist. Blei, Antimon – eine ölhaltige Tinte – und Zinn sind die Bestandteile. Der Antimon- und Zinnanteil ist nur geringfügig.

Gibt es noch weitere schwierige Buchstabenkombinationen?
Das e ist der häufigste Buchstabe und hat gerade Querstriche. Den geraden Strich habe ich auch im

---

4 Aldus Manutius (1449-1515), Buchdrucker, Typograf und Verleger in Venedig, seine wesentliche Leistung war, das Buchdruckerhandwerk zu einem künstlerischen Handwerk zu erheben und die großen Werke der Antike neu zu verlegen, er entwickelte die heute noch gebräuchliche „Antiqua"

großen a. Ich muss den Buchstaben schneller erkennbar machen: Das g und y in der kursiven Schrift gibt's im Ungarischen häufig, bei uns selten. Wenn ich das g klassisch zeichne, geht es ziemlich weit nach rechts unten, und das y geht nach links, da entsteht eine Lücke zwischen g und y, so, dass man es leicht als Wortabstand wahrnimmt.

Typografie ist eine dienstleistende Kunst. Ein Zuwenig und Zuschwach entfernt sie ebenso von der Meisterschaft wie ein Zuviel und Zustark. Für gute Typografie genügt eine Handvoll Regeln.

Und wie muss man sich das bei Großbuchstaben vorstellen?
Ich bin gegen den Satz in Großbuchstaben. Versalien gehören auf den Grabstein. Wenn ich das Wort Verlag setze, dann ist das in Versalien eine VERL AG, weil L und A optisch weit auseinander liegen. In den Regeln von Jan Tschichold heißt es: Erst die Buchstaben ausgleichen, dann mit einem Sechstel der Kegelstärke sperren. Die Abstände zwischen MM, HE, LA und PW müssen zunächst optisch ausgeglichen und dann gesperrt werden: VERLAG. Nur so ist eine Versalschrift einigermaßen lesbar. Diese Regel wird heute stark vernachlässigt.

Warum macht das niemand mehr?
Das kostet Zeit und Geduld. Schriften mit Oberlängen und Unterlängen liest man besser. Die Mittellängen kann man relativ eng halten, ohne an Lesbarkeit zu verlieren. Die Schrift, die ich für die Bibel gemacht habe, ist eng und feinstrichig. Ich habe auf einer Seite bei gleicher Versalhöhe 200 Buchstaben mehr als mit der „Times". Die „Times" gilt als eine der am besten lesbaren Schriften. Sie wurde 1953 von Stanley Morison, einem englischen Typografen, für die Tageszeitung „The Times" entwickelt und ist sehr ökonomisch. Sie hat auch einen größeren Kontrast zwischen Grundstrich und Haarstrich. Die „Biblica" schlägt bei dem dünnen Papier nicht so auf die andere Seite durch. Beim Lesetest von Professor Wendt stehen die „Times" und die „Biblica" an der Spitze.

Welche Rolle spielen Satzzeichen?
Sie sind wichtig, weil sie gliedern. Häufig sollte man sie stärker zeichnen als üblich.

Warum kann so etwas kein Computerprogramm?
Computerprogramme können nicht zuwenig, sondern zuviel. Mit Bleibuchstaben hatte man weniger Möglichkeiten der Gestaltung als heute im Lichtsatz, der zu viele Manipulationen erlaubt. Die Zurichtung der Bleibuchstaben war äußerst subtil und für die Buchstabenabstände unveränderbar. Im Fotosatz kann man alles enger, weiter, schmaler, breiter machen. Es ist die Knochenerweichung der Typografie. Die Qualität einer Schrift beruht auf Rhythmus und Proportionen. Aber den Rhythmus zerstört man, wenn man zu eng setzt. Das verringert auch die Lesbarkeit.

Bedeutet das, der Leser hört auf zu lesen?
Ja, weil er irrtümlich meint, das sei kein gutes Buch, der Autor hat aber keine Schuld, es ist nur miserabel gesetzt. Entweder zu eng oder ohne Zeilenabstand. Die Regel heißt: Der Abstand zwischen den Worten muss immer geringer sein als der Abstand zwischen den Zeilen. Sonst verliert das Auge die Zeilenführung.

Welche Regel gilt für die Gesamtgestaltung?
Typografie ist eine dienstleistende Kunst. Ein Zuwenig und Zuschwach entfernt sie ebenso von der Meisterschaft wie ein Zuviel und Zustark. Für gute Typografie genügt eine Handvoll Regeln. Jede Sekretärin kann heute ein Buch machen. Jeder glaubt, er kann sein eigener Verleger sein. Die Technologie ist da, aber die Kenntnis des Machens fehlt – und die Ausbildung dafür. Das Gros folgt ungenau überkommenen Vorbildern.

Warum sind 30 Buchstaben in der Zeile zu wenig?
Die Bild-Zeitung setzt so kurze

Die kyrillische Corporate

Zeilen auf Block, also gleichlang. 30 und weniger Zeichen pro Zeile machen die Löcher noch größer und Worttrennungen häufiger. Man kann „unterhaltungspflichtige Mannesmannmitarbeiter" mit über 40 Zeichen nicht mehr in eine Zeile bringen. Die deutsche Sprache hat viele lange Worte. Um Ermüdungen zu vermeiden, darf man deshalb nicht unter 30 und nicht über 80 Buchstaben in eine Zeile geben.

Welche Schriften, außer der „Times" gehören zu den guten?
Es gibt etwa 30.000 Schriften auf dem Markt. Davon sind 29.900 überflüssig. Die kann man getrost in den Tiefen des Stillen Ozeans versenken, ohne einen kulturellen Schaden anzurichten. Es gibt etwa ein Dutzend sehr gut lesbare und optisch haltbare Schriften: Die „Garamond Antiqua" ist zum Beispiel 1640 gezeichnet worden und ist immer noch eine der am meisten verwendeten Schriften.

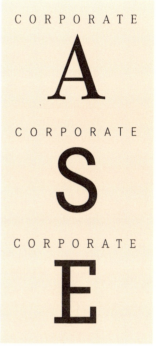

Die Corporate-Triologie

Wie sieht das in der Umsetzung aus?
Als ich bei Daimler angefangen habe, waren dort 52 Schriften im Gebrauch. Das heißt, eine Tochtergesellschaft macht einen Geschäftsbericht, davon werden Teile in den Bericht des Konzerns übernommen, der Konzern hat die „Corporate A" und die anderen Gesellschaften haben die „Helvetica" oder „Excelsior". Die laufen alle unterschiedlich breit. Man muss also sämtliche Seiten neu setzen, weil der Konzern eine anders laufende Schrift hat, die Bilder müssen größer oder kleiner werden. Das kostet Zeit...

...die man am besten wie verkürzt?
Die von mir entwickelte „Corporate-Familie"[5] ist eine Trilogie mit drei Schriftfamilien, die sich in der Schriftklassifikation nach DIN am deutlichsten voneinander unterscheiden: die klassische mit Füßchen, die sachliche ohne und die techni-

5 Corporate A-S-E – Kurt Weidemann hat diese Schriftentrilogie als Hausschrift für die Daimler-Benz AG in den Jahren 1985 bis 1989 entwickelt, die Reinzeichnungen besorgte sein Mitarbeiter Kurt Strecker

Schriftentwicklung, Arbeitsweisen und Gutenberg

sche mit breiten Füßchen. Das heißt, ein Werkzeugkatalog und der Bericht des Vorstandsvorsitzenden kommen zwar aus der gleichen Trilogie, zeigen aber verschiedene Charaktere. Das Neue ist: Sie sind kompatibel, das heißt sie laufen gleich breit. Die „Corporate-Trilogie" hat wegen der Fremdsprachen annähernd 15.000 Zeichen. Sie wurde noch um eine griechische und kyrillische Familie ergänzt.

Es gibt etwa 30.000 Schriften auf dem Markt. Davon sind 29.900 überflüssig. Die kann man getrost in den Tiefen des Stillen Ozeans versenken, ohne einen kulturellen Schaden anzurichten.

Was macht eine Trilogie aus?
Die Vielfalt in der Einheit. Wenn jemand zu mir sagt: „Du hast eine neue Schrift gemacht? Die sieht ja aus wie jede andere!" Dann ist das für mich ein Kompliment. Schriftkunst ist anonym, sie hat ihre Kenner, aber sie hat kein Publikum.

Gehört die „Rotis" von Otl Aicher[6] auch zu dem Dutzend guter Schriften?
Nein, sie verfolgt einen übertriebenen Individualitätsansatz. Schriftkunst ist die Kunst, von sich selber mal absehen zu können. Wenn mich einer fragt: „Sind Sie Künstler?" Sage ich: „Ja! Ich beherrsche die Kunst, von mir selbst mal absehen zu können."

Ist die „Rotis" eine modische Schrift?
Ja, sie hat ihren Zenith bereits überschritten. Die „Corporate" wird nie out sein, weil sie nie in war. Sie ist klassisch, anonym, kompatibel.

Typografie und Schrift sind zweierlei. Wo liegt der Unterschied?
Die Stempel AG war in der Nachkriegszeit eine weltweit tätige Schriftgießerei. Heute gibt es sie, wie ihre Konkurrenten, nicht mehr. Der Grund: Der Fotosatz hat den Bleisatz abgelöst. Die künstlerischen Berater der Stempel AG Gotthard De Beauclaire[7], Dr. Georg Kurt Schauer[8] und Hermann Zapf

6 Otl Aicher (1922-1991), Gestalter, er war einer der vielseitigsten Gestalter Deutschlands und ein entschiedener Wegbereiter der Corporate Identity, die er 1972 für die Olympischen Spiele in München bis ins Detail ausarbeitete, die von ihm entwickelte „Rotis" benannte er nach seinem Heimatort Rotis im Allgäu

Kurt Weidemann bei einem seiner unzähligen Vorträge

haben jedes Jahr eine vorbildliche Jahresgabe herausgegeben. Das waren begehrte Objekte der Gestaltung. Die drei Herren konnten sich stundenlang darüber unterhalten, ob die „Bodoni" oder die „Walbaum" die richtige Schrift für ein Werk des Dichters Adalbert Stifter ist oder nicht, und ob die „Bodoni" in diesem Zusammenhang nicht doch ein bisschen zu kühl ist gegenüber der „Walbaum". Schrift heißt im Englischen „character" und im Französischen „charactère", das sind viel bessere Bezeichnungen. Der Charakter eines Autors und der Charakter einer Schrift müssen harmonieren.

Bist du mehr der klassische Typ?
Nein, ich bin nur einer, der sich unter anderem mit Schrift im gegenwärtigen Anspruch beschäftigt.

7 Gotthard De Beauclaire (1907-1992), Buchgestalter, Lyriker und Verleger, er war bis 1945 künstlerischer Leiter des Insel-Verlages in Leipzig und von 1951 bis 1966 Leiter des Insel-Verlages in Wiesbaden, Beauclaire ist seit den 30er Jahren der meistausgezeichnete Buchkünstler

8 Dr. Georg Kurt Schauer (1899-1984), Journalist und Verleger

Hut und rote Schuhe – gegenwärtige Markenzeichen von Kurt Weidemann

Der Künstler macht, was er will.
Der Designer will, was er macht.

In den vergangenen Jahren hat sich Kurt Weidemann weiterhin dem künstlerischen Schaffen zugewandt. Er hält allerdings seinen Kollegen Andy Warhol als Künstler für überbewertet und deutsche Plakatkünstler für unterbewertet. Weil bei ihm zuhause Demokratur herrschte, musste er immer mit dem Haushund „Willi" spazieren gehen. Er hat vor mehr als 30 Jahren die Institution „Culturfrühstück" ins Leben gerufen und hält nichts von antiautoritärer Erziehung. Mit Franz Beckenbauer ist er uneins ob der Plakatgestaltung zur Fußballweltmeisterschaft 2006 und führt aus, weshalb er sich regelmäßig die Fingernägel säubert.

Du hast in Stuttgart eine Institution geschaffen: „Das Culturfrühstück". Wie bist du auf diese Idee gekommen?
Es war keine Idee, sondern ein Selbstläufer. 1973 habe ich fünf Freunde zu einem Frühstück eingeladen, um über das neu gegründete Künstlerhaus in der Reuchlinstraße zu diskutieren. Ich war damals Leiter des Künstlerhauses. Die Stadt wollte jemanden, dem sie vertrauen konnte. Der Kreis um Uli Bernhardt wollte jemanden, der mit sich reden lässt. Damit hat es begonnen. Zu dieser sonntäglichen Frühstücksrunde kommen derzeit zwischen 40 und 50 Gäste. Und sie findet jetzt nach über 30 Jahren zum 84. Mal statt. Es gibt keine Bewerbungen, keinen Vorstand, keine Satzung. Aber es gibt ein ungeschriebenes Gesetz: Wir treten nicht an die Öffentlichkeit und gehen nie an die Medien. Geschäfte werden auch keine gemacht. Wir haben nichts zu verbergen, aber wir wollen uns die Privatheit am Sonntagmorgen erhalten.

Wer sind die Gäste?
Die Teilnehmer werden nicht nach Rang und Würden eingeladen – obwohl solche auch dabei sind – sondern ob sie zu uns passen, auch bei Meinungsverschiedenheiten. Das hat bisher gut geklappt.

Können, Kunst und Kinder

Wären die Culturfrühstück-Zusammenkünfte nicht eine Gelegenheit, etwas in der Stadt zu bewegen?
Etwas bewegen kann jeder für sich, aber außerhalb und jenseits des Frühstücks.

In dieser Republik habe ich wahrscheinlich die meisten Jurys in meinem Fach mitgemacht. Mir ging es immer darum, mir Überblick und Urteilskraft in konzentrierter Form zu verschaffen.

In welche kulturpolitischen Themen in Stadt und Land hast du dich eingemischt?
In keines, ich bin bedachtsam, wenn ich gefragt werde. Ich möchte auch nicht immer Position beziehen, wenn ich nicht erschöpfend informiert und engagiert bin.

Du hast dich nicht öffentlich eingemischt, aber durch dein Engagement immer wieder Position bezogen und viel bewegt.
Ich bin Aufsichtsratsvorsitzender des Designerbüros „Wir Design" in Braunschweig. Die Gründer sind fünf Studenten, die mich von Vorträgen her kannten. Denen haben Finanzleute empfohlen, eine Aktiengesellschaft zu gründen, und dafür brauchen sie einen Aufsichtsrat. Ich hab zwar geringe Ahnung, was da finanziell läuft, weiß aber, dass ich noch zwei gute Aufsichtsratsmitglieder habe, die davon alles verstehen. Das ist wie bei der Merz Akademie. Dort funktioniert der Freundeskreis, weil ich Helmut Nanz und Willem van Agtmael[1] dabei habe.

Nehmen wir jetzt mal den wenig erbaulichen Fußball-WM-Plakat-Wettbewerb 2005. Du warst in der Jury.
Franz Beckenbauer[2], den ich schon von früheren Begegnungen im Hause Joachim Fuchsberger[3] kannte, fragte mich nach meiner Meinung, als ich meine Enttäuschung über das Ergebnis des Wettbewerbs nicht verbergen konnte. Also musste ich ihm sagen: „Es ist ja nichts Brauchbares dabei, weil ihr in der Ausschreibung verlangt habt, dass dieses miserable WM-Logo auf das Plakat muss." Bei so einem Wettbewerb macht kein guter Grafiker mehr mit.

---

1 Willem G. van Agtmael (geb. 1947), geschäftsführender Gesellschafter des 1881 von Eduard Breuninger in Stuttgart gegründeten Kaufhauses, das heute Filialen in elf Städten unterhält und über 4.000 Mitarbeiter beschäftigt

2 Franz Beckenbauer (geb. 1945), ehemaliger Fußballspieler, wurde mit der Deutschen Nationalmannschaft 1974 als aktiver Spieler und 1990 als deren Trainer Weltmeister

3 Joachim Fuchsberger (geb. 1927), Schauspieler und Entertainer, von 1954 bis 2007 spielte er in 66 Spielfilmen und moderierte von 1977 bis 1991 die beliebten Fernsehshows „Auf los geht's los" und „Heut' abend"

Manchmal hat man den Eindruck, du lässt dich zuweilen instrumentalisieren. Ist das richtig?
Instrumentalisieren ist das falsche Wort. Ich lasse mich einbringen, wenn ich Sinn und meine Tauglichkeit sehe. Vielleicht zu oft.

Du könntest dich natürlich auch entziehen, wenn du zum Beispiel die eine oder andere Juryanfrage absagen würdest.
Wenn ich sagen würde: Ich geh da nicht rein? Aber ich bin auf eine gesunde Art sehr neugierig. In dieser Republik habe ich wahrscheinlich die meisten Jurys in meinem Fach mitgemacht. Mir ging es immer darum, mir Überblick und Urteilskraft in konzentrierter Form zu verschaffen. Das ist da möglich.

Bei der Vergabe von Preisen beurteilst du immer auch die Arbeit von Kollegen.
Ja, das gibt Maßstäbe. Ich bin zum Beispiel gerne beim Deutschen Art Directors Club dabei. Da kann ich 7.500 Einsendungen in zwei Hangars auf dem Tempelhofer Feld zwei Tage lang intensiv überblicken. In meinem Fach fühle ich mich einigermaßen kompetent. Oder beim Lucky Strike Designers Award, das ist der höchstdotierte europäische Designpreis. Jetzt haben wir Ferran Adrià[4], diesen fantastischen spanischen Koch, ausgezeichnet, ein Kreativer höchsten Grades.

Du bist als Mitglied von verschiedenen Jurys viel gefordert. Was macht den Reiz dieser Arbeit aus?
Ich kann nicht behaupten, ich sei einigermaßen auf der Höhe der Zeit, wenn ich nicht solche Aufklärungen mitmachen würde. Ich müsste ein halbes Jahr durch die Republik reisen, um den Überblick zu bekommen, den ich in zwei Tagen haben kann. Der Lucky Strike Designers Junior Award zeigt jährlich eine Spitzenauswahl der Diplomarbeiten im Bereich Design in Deutschland. Dazu kommt, dass die Urteile bedeutender Mitjuroren für mich sehr nachhaltig sein können.

Kostenloses lebenslanges Lernen...
Meine erste Wettbewerbsjury war im Jahre 1957, sie wurde für einen Slogan für Tilly-Strümpfe, dem damaligen Marktführer, ausgeschrieben. Die

4 Ferran Adrià (geb. 1962), spanischer Koch und Gastronom, die so genannte Molekularküche ist eine von ihm zur Kunst erhobene, besonders aufwendige Art der Speisezubereitung, mit der er 2007 zur documenta in Kassel eingeladen war

Kurt Weidemann bei einer der 200 Jurys, denen er angehörte oder vorstand

Webkante am oberen Strumpfende hatte rundherum „Tilly" eingewoben. Wir waren uns in der Jury schnell über den ersten Preis einig. Der Slogan, den wir auswählten, hieß: „Hast du Tilly erst gelesen, bist du nahe dran gewesen." Den wollte der Auftraggeber aber partout nicht haben. Am Ende machte irgend so ein Spruch wie „Der Tilly-Strumpf ist unser Trumpf" das Rennen. Wir haben unseren frivolen Slogan trotzdem per Telefon durch die Republik verbreitet und allen Vertretern mitgeteilt... Das war die erste von vielleicht 200 Jurys, an denen ich in den vergangenen fünfzig Jahren teilgenommen habe.

Hast du auch Fehlentscheidungen getroffen?
Nein, falsche Entscheidungen wohl nicht, aber manchmal schwache, wenn keine überzeugenden Einsendungen eingereicht waren. Ich bin im Übrigen nicht alleiniger Maßstab, sondern einer von fünf oder sieben weiteren Experten – immer eine ungerade Zahl, damit sich Mehrheiten bilden können. Die Kompetenz der anderen Juroren habe ich nur in seltenen Fällen angezweifelt.

Außer Franz Beckenbauer?
Ja, der ist kein Fachmann, bei der Fußball-WM waren Fachleute dabei und auch im Komitee waren gute Leute, aber im Endeffekt entschieden ein indischer und ein afrikanischer Funktionär über den Entwurf.

In Stuttgart gab es einen großen Konkurrenten – Anton Stankowski. Wie würdest du euer Verhältnis beschreiben?
Eigenartigerweise waren wir distanziert befreundet. Wir hatten auch kein Konkurrenzverhältnis – nur unterschiedliche Auftraggeber. Stankowski war Konstruktivist. Einer, der immer mit Stolz erzählte, er sei in Gelsenkirchen groß geworden. Er hat als Kirchenmaler begonnen und brüstete sich damit, in Häusern Jugendstilfenster kaputt geschlagen zu haben, weil er sie kitschig fand.

In der Schweiz hat er dann den Konstruktivismus kennen gelernt, auch die Schweizer Konstruktivisten, unter anderem Richard Paul Lohse[5]. Er kehrte als Konstruktivist zurück, hat die Nazizeit überstanden und galt danach als modern. Im Grunde hat er sich immer als Künstler verstanden, der aber gerne das Geld als Grafiker verdiente, Freiheit und Dienstleistung zugleich. Das ist auch bei manchen seiner Firmenzeichen sehr gut zusammen gegangen. Seinen Konstruktivismus hat er in einer engen ideologischen Haltung vertreten. Ich war seit 1945 gegen Ideologien gefeit. Trotzdem haben wir sehr oft miteinander diskutiert. Er hat mich auch mal zum Heizungsbauer Viessmann mitgenommen. Der alte Dr. Viessmann sammelte Kunst, er kaufte alte Schlösser und hing sie voll mit Stankowski-Bildern, ein spannungsreicher Kontrast.

Meine erste Wettbewerbsjury war im Jahre 1957, sie wurde für einen Slogan für Tilly-Strümpfe ausgeschrieben. Der Slogan, den wir auswählten, hieß: „Hast du Tilly erst gelesen, bist du nahe dran gewesen." Den wollte der Auftraggeber aber partout nicht haben.

Stankowski war sehr erfolgreich...
Durchaus. Wir hatten einen Arbeitskreis „Grafik und Wirtschaft", der von ihm initiiert wurde. Mit dabei war auch Hellmuth Karasek[6] als Werbekritiker, damals Feuilletonchef der Stuttgarter Zeitung. Das Zeichen für den Württembergischen Kunstverein, das ich gemacht habe – diese paar Striche, mehr war es ja nicht, das hat Stankowski sogar einigermaßen gefallen. Das waren wenigstens ein paar gerade Striche. Aber im Grund genommen hat er mich für einen passablen Grafiker gehalten, mehr nicht. Stankowski galt überall als „the great old man" der Gebrauchsgrafik. Er war der Platzhirsch, der respektierte Senior.

Im Gegensatz zu Stankowski hast du nie Kunst gemacht.
Nein, ich wollte das streng getrennt wissen. Der Künstler macht, was er will. Der Designer will, was er macht. Das ist ein Bekenntnis resultierend aus meiner Berufserfahrung.

Hat es dich nie gereizt, selbst Künstler zu sein?
Als Kind habe ich viel und gern gezeichnet. Ich habe aber für mich später klar definiert: Ich übe

5 Richard Paul Lohse (1902-1988), Schweizer Maler und Grafiker
6 Hellmuth Karasek (geb. 1934), Journalist, Buchautor, neben Marcel Reich-Ranicki der bekannteste deutsche Literaturkritiker

einen Dienstleistungsberuf aus und keinen künstlerischen. Allenfalls einen Dienstleistungsberuf mit künstlerischer Sensibilität und kreativen Lösungen.

Aber du hast doch Künstler als Vorbild?
Dazu sage ich: Andy Warhol[7] war ein hochbegabter Grafiker, als Künstler halte ich ihn für überbewertet.

Ich bin keine zu verehrende Person. Aber im Alter hört man irgendwann auf, sich gegen Ehrungen zu sträuben. Ich will das überhaupt nicht unterbewerten, aber ich strebe es auch nicht an. Das schließt Dankbarkeit nicht aus.

In den vergangenen Jahren scheinst du aber doch künstlerisch tätig zu sein, Stichwort „Wortlose Briefe"...
Das ist frei aus der Gebrauchsgrafik heraus entstanden. Ich bearbeite kleine Tafeln aus Aluminium, die mit Kieselgel beschichtet sind. Das ist ein medizinisches Testmaterial. Dafür habe ich vor Jahrzehnten die Verpackungen entworfen.

So eine Platte ist mir mal runter gefallen und das Kieselgel ist abgesprungen. Dabei habe ich festgestellt: Darauf kann ich mit trockener spitzer Feder schreiben. Dann habe ich angefangen, in diese Platten „wortlose Briefe" zu schreiben. Manchmal brauche ich nur knapp eine Minute in Schnellschrift. Das sind kalligrafische Übungen, die sich manche an die Wand hängen. Kunst? Für den, der es dafür hält. Es ist die Wiederaufnahme meiner Schreibübungen im Studium.

Bearbeitest du die Platten nach?
Das geht gar nicht. Ich mache das mit dicken Federn, spitzen Federn, Spachteln, Nägeln, mit allem was kratzt. Schrift ist ja mein Ding.

Vor kurzem bist du zum Ehrensenator der Kunstakademie ernannt worden. Freut dich diese späte Ehre?
Ich bin keine zu verehrende Person. Aber im Alter hört man irgendwann auf, sich gegen Ehrungen zu sträuben. Ich will das überhaupt nicht unterbewerten, aber ich strebe es auch nicht an. Das schließt Dankbarkeit nicht aus.

---

7 Andy Warhol (1928-1987), amerikanischer Grafiker, Künstler, Filmemacher und Verleger, Warhol ist Mitbegründer der Pop Art und war ein erfolgreicher Werbegrafiker

Können, Kunst und Kinder

Das ist nicht ganz uneitel...
Das hoffe ich. Wenn ich nicht eitel wäre, würde ich meine Fingernägel nicht mehr säubern, das hat auch was mit Selbstachtung zu tun. Ich trage meine Unterhose auch keine sieben Tage...

Ist es nicht noch eitler zu sagen, ich lege darauf keinen Wert?
Das nennt man „dröhnende Bescheidenheit". Für diese Rolle bin ich eine Fehlbesetzung.

Schmeichelt es dir eigentlich, wenn junge Frauen dich umschwärmen?
Ich bin weder James Dean[8] noch Paul Newman[9]. Ich renne den Mädchen auch nicht hinterher. Offensichtlich suchen sie jemand Älteren, mit dem sie über das reden, was sie mit den Eltern schwerer ansprechen können.

Nach welchen Kriterien suchst du deine Partnerinnen aus?
Ich suche nicht, ich begegne. Ihr redet mit einem fast 85-Jährigen, einigermaßen gut erhaltenen, seinem Schicksal dankenden Mann. Ich verehre auch das halbe Dutzend weißhaariger Frauen, die sich beim Roten Kreuz und in anderen Ehrenämtern wichtige Verdienste erworben haben und gemeinsam mit mir vor zwölf Jahren beim Bundespräsidenten Roman Herzog[10] den Verdienstorden der Bundesrepublik Deutschland bekommen haben.

Lass uns noch einmal über dich und deine Kinder sprechen. Sie sind längst erwachsen – wie ist euer Verhältnis zueinander?
Sie sind mein großer Lebensinhalt und mein größtes Geschenk. Ernsthaften Streit hatten sie weder untereinander noch mit mir.

Gehört Streit nicht zu jeder guten Familie?
Ich weiß nicht - normalerweise vermutlich schon. Ich kenne genug Familien, die auch mit Streit gut funktionieren. Aber das gibt es bei uns nicht. Vielleicht sehen wir uns zu selten.

8 James Dean (1931-1955), amerikanischer Schauspieler, Dean starb im Alter von 24 Jahren bei einem Autounfall, posthum wurde er mit seinen Filmen „Jenseits von Eden", „Giganten" und „...denn sie wissen nicht, was sie tun" weltweit zur Kultfigur
9 Paul Newman (geb. 1924), amerikanischer Schauspieler, Rennfahrer und Unternehmer, Newman spielte seit 1953 in 92 Filmen, erhielt unzählige Auszeichnungen und ist Besitzer eines Motorsportrennstalls
10 Roman Herzog (geb. 1938), Jurist, Herzog amtierte von 1994 bis 1995 als siebter Bundespräsident der Bundesrepublik Deutschland, davor war er von 1987 bis 1994 Präsident des Bundesverfassungsgerichtes

Können, Kunst und Kinder

Irgendwann einmal wollten die Kinder unbedingt einen Hund. Da habe ich sie gefragt: „Wer geht mit dem raus? Wer versorgt ihn?" Alle schrien: „Wir, wir, wir!" Und wer ging nachher mit dem Hund? Ich natürlich.

Also kein Streit. Aber unterschiedliche Interessen mussten doch auch bei euch unter einen Hut gebracht werden.
Wie habt ihr solche Fragen gelöst?
Irgendwann einmal wollten die Kinder unbedingt einen Hund. Da habe ich sie gefragt: „Wer geht mit dem raus? Wer versorgt ihn?" Alle schrien: „Wir, wir, wir!" Und wer ging nachher mit dem Hund? Ich natürlich. Leider war ich der einzige, der bei der Abstimmung gegen den Hund war. Ich bin überstimmt worden. Bei uns praktizierten wir Demokratur.

Bei euch zuhause herrschte also keine Demokratie?
Nur im Nichtexistenziellen. Manchmal wurde abgestimmt. Die Mehrheit war für den Hund. Und dann kam Willi.

Ein Dackel?
Nein, so einer, bei dem man schon früh sehen konnte, dass er mal sehr groß wird. Nach einem Jahr war das ein Mondkalb, ein richtiger Brocken. Willi haute mit einem Schwanzwedeln drei Biergläser vom Tisch. Eines Tages wurde Willi von einem Mercedes überfahren...

Ausgerechnet von einem Mercedes?
Das musste wohl so sein, das war statusgemäß. Mit einem Trabi oder Golf hätte Willi sich nicht abgegeben.

Können, Kunst und Kinder

*Für Markus und Nane warst du der alleinerziehende Vater.
Ging das gut?*
Jeder war für sich selbst verantwortlich. Ein Nebeneffekt war allerdings, dass mein erster Sohn in der Schule einmal sitzenblieb, der zweite Sohn zweimal, und die Tochter dreimal.

Als Olga sich das Leben genommen hat, waren Nane und Markus ja noch sehr klein. Wie hast du euren Alltag organisiert?
Mit Kindergarten und Haushälterin. Ich wollte gern so eine rüstige Mittvierzigerin einstellen, die zehn, fünfzehn Jahre bleibt. Aber die Kinder wollten lieber eine Junge um sich haben.

Die Kinder haben mitbestimmt, wer bei euch den Hauhalt führt und auf sie aufpasst, wenn du weg bist?
Sie waren bei den Einstellungsgesprächen immer dabei. Sie waren ja am meisten mit ihr zusammen. Sie wollten einfach keine – in ihren Augen – alte Frau. Die jungen Frauen waren auch immer gut und nett, haben aber bald geheiratet und schon waren sie wieder weg.

Haben die Haushälterinnen bei euch gelebt?
Ja, die waren Teil des Familienhaushaltes, und das Haus war groß mit Einliegerwohnung.

Du hast mit deiner ersten Frau ja auch noch einen guten Kontakt.
Die war und ist die Übermutter, sie wohnte mit Steffen nicht weit weg im Herdweg. Markus und Nane sind dennoch mit etwa 15 oder

16 Jahren, also relativ früh, ausgezogen und haben sich in der Stadt eingemietet.

Weshalb sind sie nicht bei dir geblieben?
Die wollten das so. Das war die Zeit. Nane ist bald danach nach New York gegangen, und später von dort nach Los Angeles.

Nane ist mit 15 Jahren allein nach New York gezogen?
Ja, sie hatte kurz vorher Robert de Niro[11] kennen gelernt.

Nicht schlecht, wo hat sie ihn kennen gelernt?
Wir sind mit Joachim Fuchsberger befreundet. Er machte damals seine TV-Show „Auf los geht's los". Die Show wurde in Böblingen aufgezeichnet. Als Überraschungsgast war Robert de Niro eingeladen, der zur gleichen Zeit in Rom einen Film drehte. Nach der Sendung haben wir noch zusammen gesessen, dann ist Robert de Niro unter Hinterlassung der Vertreter des Zweiten Deutschen Fernsehens mit Nane in den Perkins Park[12] gegangen.

Die beiden zogen einfach miteinander los? Was hast du dabei gedacht?
Ich hatte und habe Vertrauen! Nane war sehr selbstsicher und klar in ihrem Sein und Wollen.

Du hast dir nie Sorgen um sie gemacht?
Nein. Ich hatte einige Freunde in New York, denen ich mitteilte: Achtung, meine Tochter kommt. Die ersten acht Wochen hat sie bei George Tscherny[13] gewohnt, einem Kollegen, der, selbst in Ungarn geboren, mit einer sehr netten tschechischen Frau verheiratet ist. Nane wurde von ihr bemuttert und betreut. Sie hat es dann aber doch vorgezogen, sich eine Dachbodenbleibe zu suchen und ist ausgezogen.

Was hat Nane in New York gemacht?
Sie ging auf Veranlassung von Robert de Niro zunächst auf die Schauspielschule. Aber sie wollte Filmemacherin werden und keine Schauspielerin. Ich wollte von ihr wissen, warum sie auf die Schau-

---

11 Robert de Niro (geb. 1943), amerikanischer Schauspieler, Filmregisseur und Produzent, seit 1968 spielte er in mehr als 70 Filmen, führte bei einigen selbst Regie und ist zweifacher Oscar-Preisträger

12 Perkins Park – das 1939 auf dem Stuttgarter Killesberg erbaute Parkrestaurant war bis in die 60er Jahre eine gute Adresse für Tanz und Unterhaltung, seit 1980 als Diskothek Perkins Park wieder eröffnet

13 George Tscherny (geb. 1924), New Yorker Grafikdesigner, Tscherny gestaltet seit mehr als 50 Jahren für zahllose amerikanische Unternehmen, seine Arbeiten gelten als streng, provokativ und konzeptionell

Kurt Weidemann und seine Kinder Esther Marie (*1966), Markus (*1965) und Steffen (*1959)

spielschule geht, sie hat geantwortet: „Damit ich lerne, dass Hinfallen wehtut." Bevor sie sich hinter die Kamera stellt, sollte sie wissen, was vor der Kamera passiert, damit sie weiß, was sie verlangen kann. Das fand ich einsichtig. Schließlich ist sie mit einem Film über einen Boxer in Los Angeles in die Filmklasse der New York University aufgenommen worden, was nicht leicht ist. Damit hatte sie eine schwere Prüfung bestanden und einen Studienplatz, bevor ihre Klassenkameradinnen in Stuttgart Abitur machten.

Ist Nane wieder nach Deutschland zurückgekehrt?
Nur zu Besuch. Mit 15 ist sie weg und mittlerweile ist sie über 40. Von New York ist sie nach Los Angeles gegangen, nach Hollywood. Ihr Job: Sie las Drehbücher aus Deutschland, Österreich oder der Schweiz und musste sie beurteilen. Zugleich hat sie auch in vielen Produktionen mitgearbeitet.

Bedauerst du, dass ihr keinen intensiven Kontakt habt?
Natürlich, aber das entspricht unserem Naturell, obwohl wir uns sehr lieben. Ihren Bruder Markus liebt sie über alles.

Hast du das Gefühl, sie ist so weit weg gezogen, weil sie hier nicht klar kam?
Dreimal sitzen bleiben, hat sie locker genommen. Ich war nur einmal auf einer Elternversammlung – das Schlimme waren nicht die Lehrer, sondern die Eltern.

Um die Schule hast du dich also nicht gekümmert?
Nein. Ich wollte, dass meine Kinder früh selbstständig werden. Nane hat das befähigt, nach New York zu gehen. Zu Schulzeiten ist sie morgens steil am „Ebelu"[14] vorbei ins Mövenpick und hat da erst mal gefrühstückt. Dort gebe es interessantere Typen als ihre Lehrer, meinte sie.

Wer volles Vertrauen entgegenbringt, wird seltener enttäuscht.

Ich habe mir die Lehrer auch angeguckt. Beim Elternsprechtag hat der Klassenlehrer sofort sein Buch rausgeholt: „Hier steht sie bei 4,7, da steht sie bei 4,1 und hier bei 4,2". Ich wollte mich mit dem aber nicht über das Dezimalsystem unterhalten. Meine Tochter sei schon in Ordnung, hatte aber in einem Jahr 72 Fehltage, das sei fast ein halbes Schuljahr... Davon hatte ich nichts gewusst. Ich habe ihr einmal eine Entschuldigung geschrieben. Die Entschuldigung kam zurück, weil angeblich die Unterschrift nicht stimmte. Die war aber von mir...

Muss man da nicht „durchgreifen"? Hattest du nie das Bedürfnis nach Autorität?
Nein. Das wäre nichts geworden. Sie fanden mich streng genug. Als ich Nane mal in Los Angeles besucht habe, habe ich sie gefragt, ob ich bei ihr was falsch gemacht hätte. Sie sagte: „Ja!" Ich hätte jedes Mal, wenn sie sitzen geblieben sei, ein schicksalsschweres Wort gesprochen: „Aha!" Das macht man einfach nicht.

Deine beiden Jungs sind in Deutschland geblieben und haben Karriere gemacht?
Studiert hat nur Steffen. Markus nicht, als Fachmann ist er Autodidakt. Er war in einer Programmierfirma Forschungs- und Entwicklungschef. Der Inhaber hat die Informatik an der Karlsruher Universität eingeführt und später eigene Programmierungsfirmen gegründet.

Markus wurde ohne Ausbildung Entwicklungschef. Geht das überhaupt?
Markus wollte schon mit zwölf Jahren einen Computer haben. Ich wollte wissen, ob er damit U-Boot-

---

14 Ebelu: Eberhard-Ludwigs-Gymnasium in Stuttgart, ein angesehenes humanistisches Gymnasium mit großer Tradition

Krieg oder Krieg der Sterne spielt. Diese Art Spiele haben ihn aber nicht interessiert. Er interessierte sich dafür, was so ein Computer kann. Also hat er sich schon als Kind mit Informatik beschäftigt. Damit ist er in seinen Beruf hinein gewachsen. Heute ist er Informatik-Unternehmer.

Als er 26 Jahre alt war und eine eigene Firma hatte, bezeichnete ich ihn mal als Jungunternehmer. Daraufhin hat er mich korrigiert: „Entschuldige, ich habe zwölf Jahre Berufserfahrung hinter mir!" Er macht Programme in zwei eigenen Firmen. Einmal hat er ein Weihnachtsgeschenk entwickelt: 35 Weihnachtsmannköpfe gucken alle in verschiedene Richtungen, nur der in der Mitte guckt geradeaus. Das Ziel ist, solange zu spielen, bis alle anderen den Weihnachtsmann in der Mitte angucken. Daran muss man wie mit einem Kubik-Würfel rumspielen. Das schien sehr schwierig. Hat man einen richtig gedreht, drehen sich zwei andere wieder weg. Sein späterer Chef brauchte damals für die Lösung zwei Tage...

Hat Markus eine Familie?
Nein, noch nicht.

Und Steffen?
Steffen hat eine Deutschamerikanerin geheiratet, aus Grünwald. Meine Schwiegertochter mag ich sehr. Ich bin seitdem der „Opa Kurt" von einem großartigen Timon-Heinrich. Timon ist jetzt sechs Jahre alt und wird konsequent zweisprachig erzogen.

> *Diesen fanatischen antiautoritären Ansatz habe ich einfach nicht gehabt und nie gemocht. Ich hab in Charakteranlagen vertraut, die meine Kinder früh gezeigt haben. Sie haben sich für Gemeinschaftlichkeit, Gradlinigkeit und für Gerechtigkeit eingesetzt.*

Hast du mit deinen Kindern eigentlich auch gespielt?
Ja, wir hatten einen Billardtisch. Die konnten kaum über die Kante sehen, da haben sie mich schon besiegt.

Warum hast du das große Haus in der Ganghoferstraße gekauft?
Ich wollte den Kindern ein komfortables Zuhause bieten. Es hatte

viel Platz. Jeder durfte mitbringen, wen immer er wollte. Auch Steffen war, sooft er konnte, bei uns.

Wie würdest du deine Erziehungsmethode im Rückblick bezeichnen?
Ich habe meine Kinder nach einem alten Kommissgrundsatz erzogen: „Machen Sie nix, dann machen Sie nix falsch." Eltern sein ist ein ungelernter Beruf.

Du hast großes Vertrauen in deine Kinder, weißt du das?
Wer volles Vertrauen entgegenbringt, wird seltener enttäuscht. Natürlich ist es ein Risiko, wenn Nane mit 15 Jahren nach New York geht. Sie könnte in Greenwich-Village in die Haschszene abrutschen. In South Manhattan war das Gang und Gebe. Aber Nane ist täglich drei Block weiter gegangen, um Health Food, so ein Riesen-Schinken-Salat-Brot zu kaufen. Sie war in sich selbst gefestigt.

Keines deiner Kinder ist in eine der von allen Eltern so gefürchteten Szenen abgedriftet?
No! Der Trinker in der Familie bin ich...

Aber sie mussten damit aufwachsen, dass du öfter einen bestimmten Pegel hattest...
Das ist übertrieben. Ich trinke nie allein. Ich bin immer sehr früh aufgestanden, beim Kommiss, im Steinbruch, im Studium, als Schriftsetzer, bevor ich zur Akademie ging – bis heute. Besoffensein bis zum Filmriss, erlebe ich eher bei anderen.

Könnte man dich als einen antiautoritären Vater bezeichnen?
Diesen fanatischen antiautoritären Ansatz habe ich einfach nicht gehabt und nie gemocht. Ich hab in Charakteranlagen vertraut, die meine Kinder früh gezeigt haben. Sie haben sich für Gemeinschaftlichkeit, Gradlinigkeit und für Gerechtigkeit eingesetzt.

Machst du dir das nicht ein bisschen zu einfach?
Das hab ich schon öfters gehört. Früher musste ich mir den Vorwurf anhören, ich würde nicht genug mit meinen Kindern unternehmen. Sie kennen mein Leben und ich respektiere ihres.

Letzte Frage: Wie siehst du dich selbst?
Zum Intellektuellen, zum reinen Geistesarbeiter, bin ich nicht verstandeslastig genug. Ich kann auch mein Herz nicht im Vorzimmer oder in der Garderobe abgeben. Triebgesteuert bin ich auch nicht. Daraus auf ein selbstverantwortliches Mittelmaß zu schließen, wäre auch nicht zutreffend. Dafür hat mir das Leben, das Schicksal zuviel geboten und zugemutet. Dabei war ich stets mit mir in Übereinstimmung. Selbst bei Fehlern und Zumutungen, Ungerechtigkeiten. Dennoch – meine ich – lässt sich ein Werteverständnis, ein Stück Nachhaltigkeit aus meiner Lebensspur herauslesen.

Ich danke euch für die eure große Mühe mit mir.

Kurt Weidemann vor seinem Atelier am Westbahnhof, das Stellwerk

Geschwister Weidemann (19. Jhdt.)

Geschwister Weidemann (20. Jhdt.)

Geschwister Weidemann (21. Jhdt.)

Impressum

Herausgeber
Markus Merz
merz & solitude

ISBN 978-3-937982-19-9

©2007 Merz Akademie, Hochschule für Gestaltung Stuttgart

Unter dem Namen merz & solitude veröffentlicht die Merz Akademie, Hochschule für Gestaltung Stuttgart seit 2004 ihre Publikationen in Kooperation mit der Akademie Schloss Solitude. Mit der Herausgabe der Reihen Reflexiv, Projektiv und Literatur bieten die Institutionen gemeinsam für Studierende, Lehrende, Stipendiaten und Gäste eine Publikationsplattform, welche den einzelnen Künsten sowie dem Dialog zwischen Theorie, künstlerischer und gestalterischer Praxis gewidmet ist.

Idee und Konzept
Arne Braun & Heike Schiller

Protokoll und Bearbeitung
Arne Braun & Heike Schiller

Grafische Gestaltung
Gabriele Zimmermann
Prof. Kurt Weidemann

Schrift
Corporate A & S

Reproduktionen
Piltz Reproduktionen, Stuttgart

Druck
Reichert Druck & Kommunikation, Kornwestheim

Printed in Germany, 2008
Bildnachweise
© der Abbildungen bei Kurt Weidemann,
Privatarchiv und bei Heike Schiller